Anke Ganzer

D1920145

Physik I – kompetenzorientierte Aufgaben

Optik, Mechanik, Wärmelehre, Akustik, Elektrizitätslehre

5.–7. Klasse

PERSEN

Die Autorin:

Anke Ganzer ist Haupt- und Realschullehrerin für Mathematik und Physik sowie Leiterin der Fachgruppe Technik.

Gedruckt auf umweltbewusst gefertigtem, chlorfrei gebleichtem und alterungsbeständigem Papier.

4. Auflage 2016
© 2011 Persen Verlag, Hamburg
AAP Lehrerfachverlage GmbH
Alle Rechte vorbehalten.

Das Werk als Ganzes sowie in seinen Teilen unterliegt dem deutschen Urheberrecht. Der Erwerber des Werkes ist berechtigt, das Werk als Ganzes oder in seinen Teilen für den eigenen Gebrauch und den Einsatz im Unterricht zu nutzen. Die Nutzung ist nur für den genannten Zweck gestattet, nicht jedoch für einen weiteren kommerziellen Gebrauch, für die Weiterleitung an Dritte oder für die Veröffentlichung im Internet oder in Intranets. Eine über den genannten Zweck hinausgehende Nutzung bedarf in jedem Fall der vorherigen schriftlichen Zustimmung des Verlages.

Sind Internetadressen in diesem Werk angegeben, wurden diese vom Verlag sorgfältig geprüft. Da wir auf die externen Seiten weder inhaltliche noch gestalterische Einflussmöglichkeiten haben, können wir nicht garantieren, dass die Inhalte zu einem späteren Zeitpunkt noch dieselben sind wie zum Zeitpunkt der Drucklegung. Der Persen Verlag übernimmt deshalb keine Gewähr für die Aktualität und den Inhalt dieser Internetseiten oder solcher, die mit ihnen verlinkt sind, und schließt jegliche Haftung aus.

Illustrationen: MouseDesign Medien AG, Zeven
Satz: MouseDesign Medien AG, Zeven

ISBN 978-3-8344-**3203**-2

www.persen.de

Inhalt

Inhalt

© Persen Verlag

Einführung – Kompetenzorientierter Physikunterricht

Die Auswertung der internationalen Vergleichsstudien (PISA, TIMSS, IGLU) in Deutschland ergab deutlich, dass die Ergebnisse nicht mit den gewünschten Erwartungen übereinstimmten. In der daran anschließenden Analyse fand man heraus, dass in leistungsstärkeren Ländern einheitliche Standards bestehen und regelmäßig zentrale Vergleichsarbeiten Rechenschaft über den bestehenden Lernfortschritt ablegen. Für Deutschland hat die Kultusministerkonferenz als Ergebnis der Untersuchungen die Entwicklung und Einführung von bundesweit geltender Bildungsstandards beschlossen. Sie stellen eine bundesweit einheitliche und damit vergleichbare Grundlage der fachspezifischen Anforderungen dar.

Auf dieser Basis wurden die zu erwerbenden fachspezifischen Kompetenzen erarbeitet. Sie beschreiben die zu erwartenden Kenntnisse, Fähigkeiten und Fertigkeiten der Schüler[1]. Für den naturwissenschaftlichen Unterricht wurden folgende fachspezifischen Kompetenzen beschlossen:

Kompetenzbereiche im Fach Physik

Fachwissen:	Physikalische Phänomene, Begriffe, Prinzipien, Fakten, Gesetzmäßigkeiten kennen und Basiskonzepten zuordnen.
Erkenntnisgewinnung:	Experimentelle und andere Untersuchungsmethoden sowie Modelle nutzen.
Kommunikation:	Informationen sach- und fachbezogen erschließen und austauschen.
Bewertung:	Physikalische Sachverhalte in verschiedenen Kontexten erkennen und bewerten.[2]

Die Lehrplaninhalte und die Einführung des Unterrichtsfaches Physik werden in den einzelnen Bundesländern festgelegt. Meist wird in den Schuljahren 5 bis 7 begonnen, jedoch mit einer unterschiedlichen Gewichtung der Inhalte, sodass die Einführung und Bearbeitung der Teilgebiete von Bundesland zu Bundesland variieren kann.

In dem vorliegenden Buch wurden deshalb diejenigen kompetenzorientierten Aufgaben nach Teilgebieten geordnet und zusammengestellt, die die wesentlichen Inhalte des Anfangsunterrichtes wiedergeben. Aufgrund der Verschiedenartigkeit des Unterrichts in den einzelnen Bundesländern erfolgt keine konkrete Zuordnung zu einem Schuljahr. Die vorgestellten Aufgaben können individuell ausgewählt und in mehreren Jahrgangsstufen verwendet werden.
Die Aufgabenstellungen werden in unterschiedlichen Niveaustufen angeboten:

Niveau 1: einfache Aufgaben
Niveau 2: anspruchsvolle Aufgaben
Niveau 3: schwierige Aufgaben

1 Der besseren Lesbarkeit halber verwenden wir hier den Plural nur in seiner verallgemeinernden Bedeutung. Alle weiblichen Personen, wie Schülerinnen und Lehrerinnen usw., sind ausdrücklich gemeint und keinesfalls vergessen.

2 Beschlüsse der Kultusministerkonferenz, Bildungsstandards im Fach Physik für den Mittleren Schulabschluss, Beschluss vom 16.12.2004, Seite 9

Für die Lösung der Aufgaben der Niveaustufe 1 benötigen die Schüler nur gering ausgeprägte Kompetenzen. Bei der Bearbeitung der Aufgaben der Niveaustufe 2 sind stärker ausgeprägte Kompetenzen aus einem Bereich und auf der Niveaustufe 3 sehr gut entwickelte Kompetenzen, häufig sogar aus mehreren Bereichen, notwendig.

Dem Lernfortschritt der Schüler angepasst und unter Einbeziehung methodischer Aspekte können die kompetenzorientierten Aufgaben in Einführungsphasen, in Übungs- und Festigungsphasen oder als Lernzielkontrollen verwendet werden. So haben die Lernenden die Möglichkeit, die erstrebten Fähigkeiten, Kenntnisse und Fertigkeiten stufenweise in allen Phasen des Lernprozesses zu erwerben.

Die vielfältigen Arbeitsaufträge begünstigen gleichzeitig einen abwechslungsreichen Unterricht, zum Beispiel:

- regen sie zu Diskussionen an, da sie Beobachtungen aus dem Alltag beschreiben,
- verdeutlichen sie die Herangehensweise beim Finden physikalischer Gesetzmäßigkeiten,
- motivieren sie die Schüler zum selbständigen Recherchieren mit den unterschiedlichsten Medien (Tafelwerk, Internet, Bücher),
- trainieren sie das Leseverständnis und die physikalische Ausdrucksweise,
- ermöglichen sie die Informationsgewinnung und -nutzung aus verschiedenen Quellen (Texte, Diagramme, Tabellen, Bilder),
- ermuntern sie zum Beurteilen physikalischer Sachverhalte.

Die Aufgabenstellungen sind teilweise angelehnt an Beispielaufgaben der Kultusministerkonferenz, an veröffentlichte Aufgaben der Landesinstitute für Lehrerbildung und an Aufgaben der Vergleichsarbeiten und zentralen Klassenarbeiten. Viele Aufgaben wurden bereits im Unterricht eingesetzt.

Die Zuordnung der Aufgaben zu den Kompetenzen und Niveaustufen ist in der anschließenden Tabelle ersichtlich. Dabei ist zu berücksichtigen, dass die Aufgaben oft mehreren Kompetenzen zuzuordnen sind. Hier ist dargestellt, welcher Kompetenzbereich vorrangig entwickelt oder geprüft werden kann.

Die Einbeziehung der kompetenzorientierten Aufgaben in den Unterricht soll die Bemühungen des Lehrers unterstützen, im Physikunterricht zu höheren Leistungen und einer sicheren Qualität zu gelangen. Dem Lehrer bietet es gut aufbereitetes umfangreiches Aufgabenmaterial an, auf das er in vielen Situationen des Unterrichtsalltages zugreifen kann.

Anke Ganzer

© Persen Verlag

Zuordnung der Aufgaben zu den Kompetenzen und Niveaustufen

Arbeitsblätter	Fachwissen anwenden			Erkenntnisgewinnung			Kommunizieren			Bewerten		
	1	2	3	1	2	3	1	2	3	1	2	3
(1) Physik – Was ist das?		1c, 2, 3	1d, 4	1a, b								
(2) Bedeutende Physiker						1						
(3) Die Teilgebiete der Physik	1, 2		3				4					
(4) Finden einer phys. Gesetzmäßigkeit					1							
(5) Einheitenvorsätze	1, 2, 5	7, 8, 9	4, 10			6		3				
(6) Arbeit mit Diagrammen							1a, b	1c, 2a	1d, 2c, d		2b, f	2e
(7) Lernzielkontrolle	1, 2	3					4	4				
(8) Lichtausbreitung		6		1						2	3, 5	4
(9) Licht und Schatten	1, 3	2					4	5, 6, 7		9		8, 10
(10) Sonnen-, Mondfinsternis	5				6		3		4, 7	1	2	
(11) Lernzielkontrolle	1	4, 6						2a, 5		2b, 3, 7		
(12) Camera Obscura				1, 2	3	5		4				
(13) Reflexion des Lichtes	1, 2, 3a, 12	9, 10					3a	7	8	3b, 4, 5	11	6
(14) Hohl- und Wölbspiegel	1, 3	2		6			5				4, 5	
(15) Archimedes und die römische Flotte		c		a					c		b	
(16) Brechung des Lichtes	1b, c, 4			5	5		1a, 2d	2a		2b, c	3	
(17) Strahlenverlauf durch Linsen	1, 3b						2, 3a, 4					
(18) Bildentstehung an Sammellinsen	1							2	2			
(19) Optische Geräte									1a–d			
(20) Lernzielkontrolle	1, 2, 5c, 7						2		5a	3, 7	4, 6	5b
(21) Eigenschaften von Körpern	2a, b, 3	1					3					
(22) Aufbau der Stoffe aus Teilchen		2	2									1
(23) Diffusion und Brownsche Bewegung	2	1			1, 3b					3a		
(24) Das Volumen von Körpern	1	2, 3, 5, 6, 8	10, 12	11	7, 9				11			4
(25) Die Masse von Körpern	1	2, 5	4, 6	3								
(26) Die Dichte von Körpern	2	5, 6	7		1, 8		3, 4	9				
(27) Heureka – Ich habe es gefunden!			c		a	b						

© Persen Verlag

Zuordnung der Aufgaben zu den Kompetenzen und Niveaustufen

Arbeitsblätter	Fachwissen anwenden			Erkenntnisgewinnung			Kommunizieren			Bewerten		
	1	2	3	1	2	3	1	2	3	1	2	3
(28) Lernzielkontrolle	1, 6	2, 3, 5a, 7	5b								4	
(29) Die Bewegung eines Körpers	1, 3	4		2								
(30) Die gleichförmige Bewegung	1	3					4				2	
(31) Arbeit mit Diagrammen		2f		1c, 1d	2d		2a	1a, 1b, 2b	2c	1e, 2e	1f	
(32) Lernzielkontrolle	1	3e		2a, 3d, c	2b, 3f	3a	3a	3b, 3g			2c	
(33) Adhäsion und Kohäsion	1, 2	6								3	4,5	
(34) Kapillarität	1	2			4	4					2	3
(35) Schallquellen und Schallausbreitung	1, 2, 6	4, 7			5	3a, b		3c, 7	5	2	5	4
(36) Call me					1, 2	3, 4, 5						
(37) Die Temperatur	1, 4a	3, 4b		1			2			2		
(38) Temperaturskalen				1	2			3				
(39) Die Temperaturmessung					1			1		2		
(40) Geschichte der Temperaturmessung	1, 2			4	3							
(41) Arbeit mit Diagrammen		1d		2b	2b	1b		1a, d, 2a, c		1e, 2d	2e	
(42) Lernzielkontrolle	1			2, 3a, c			3c	3b				
(43) Ausdehnung von Körpern bei Temperaturänderung	4a, b	1, 4c, d		3	2, 5	5				1		
(44) Besonderheiten des Wassers	1, 2, 6	3b		6			3b	3c, 5	4	2, 3a		
(45) Wärmequellen	1, 2			2			3					
(46) Wärmeübertragungen	1, 2	5			6	3	1	4	6	4,5		
(47) Lernzielkontrolle	1, 4	5					5	2	4		3	
(48) Elektrisch geladene Körper	3, 4a, b	2c, d, e		1, 2a, b	2f			2b, c, d		3	4c, d	
(49) Elektrischer Strom	2, 3			1a, 4, 5	8	1c	1b, 7a		1e, 7b	6, 8		
(50) Elektrische Stromkreise	1, 3a, 4b	2, 6c	6a, b		4c			5	3b	4a	3c, 4d	6c
(51) Magnete und ihre Wirkungen	1, 3	4b	5				2	4a, c, 6b	6a		5	6c
(52) Aus der Geschichte des Kompasses				a		b		b, c				
(53) Lernzielkontrolle	1, 4a, 6				5			2	4b	7	3,6	

© Persen Verlag

Physik – was ist das?

In der Brockhaus Enzyklopädie findet man bei dem Wort Physik folgende Erklärung:

> „**Physik** (zu grch. Physike (theoria) >Naturforschung<) die, die Wissenschaft von den Naturvorgängen im Bereich der unbelebten Materie sowie von deren Eigenschaften, die der experimentellen Erforschung, der messenden Erfassung und mathematischen Darstellung zugänglich sind und allgemeingültigen Gesetzen unterliegen. [...]
> Die wesentliche Aufgabe der Physik besteht darin, die Fülle der von ihr untersuchten Naturerscheinungen und -vorgänge [...] zu erfassen, zu beschreiben und zu erklären, wobei das methodische Vorgehen stets eine Einheit von Theorie und Experiment, Hypothese und Verifikation bildet."
> *(Quelle: Der Brockhaus in fünf Bänden von 1993, Bd. 4, S. 226–227)*

1. Lies die Erklärung gut durch, markiere das Wesentliche und beantworte folgende Fragen.

a) Was untersucht die Physik?

____

____

____

b) Mit welchen Methoden wird in der Physik untersucht?

____

____

____

c) Welche Ziele werden mit den Untersuchungen verfolgt?

____

____

____

d) Was denkst du, warum werden diese Untersuchungen durchgeführt? Nenne ein Beispiel.

____

____

____

____

____

____

Tipp:
Nimm ein Lexikon zu Hilfe, falls du Begriffe nicht kennst.

© Persen Verlag

2. Welche Fragen werden in welcher Naturwissenschaft beantwortet? Kreuze an.

Naturwissenschaft	Physik	Biologie	Chemie	Astronomie
a) Wie entsteht ein Regenbogen?				
b) Warum fliegen frischgewaschene Haare dem Kamm nach?				
c) Warum wächst der Baum?				
d) Warum löst der Essig den Kalk?				
e) Warum fällt der Apfel nach unten?				
f) Warum sind Blätter grün?				
g) Warum können Vögel fliegen?				
h) Was sind „Schwarze Löcher"?				
i) Wie entsteht im Kraftwerk elektrischer Strom?				
j) Was macht unser Magen mit der Nahrung?				
k) Wie entsteht saurer Regen?				
l) Können wir auf dem Mond Musik hören?				
m) Wie entsteht der Blutdruck?				
n) Warum bleibt in der Thermoskanne der Tee heiß und das Eis kalt?				
o) Warum sind die Tage unterschiedlich lang?				
p) Wie können wir Atome spalten?				
q) Wie kann man aus Erdöl Gummi und Bekleidung herstellen?				
r) Warum schwimmt Eis?				

3. Betrachte deine Kreuze in der Spalte „Physik"/Aufgabe 2. Zu welchen Teilgebieten der Physik gehören sie? Trage die Buchstaben in die Spalten ein.

Mechanik	Optik	Akustik	Elektrizitätslehre	Wärmelehre	Atomphysik

4. Welche Naturerscheinung möchtest du erforschen?

____

____

____

Anke Ganzer: Physik I – kompetenzorientierte Aufgaben
© Persen Verlag

Bedeutende Physiker

Auf folgendem Zeitstrahl (nicht maßstäblich) sind die Bilder mehrerer Physiker abgebildet. Ordne den Bildern die passende Information zu.

Albert Einstein	englischer Naturforscher, Experimentalphysiker
Archimedes	deutscher theoretischer Physiker
Galileo Galilei	englischer Physiker
Otto von Guericke	Mathematiker und Physiker aus Syrakus
Johannes Kepler	deutscher Politiker, Jurist und Naturwissenschaftler
Isaac Newton	deutscher Naturphilosoph
Michael Faraday	italienischer Philosoph, Physiker und Astronom

1643–1727	Relativitätstheorie
1564–1642	Hebelgesetz, Auftriebsprinzip, Hohlspiegel, π
1791–1867	Gravitationsgesetz, Grundgesetze der Bewegung
1602–1686	Planetenbewegung, Symmetrie der Schneeflocke, Zahnradpumpe
1879–1955	Fallgesetze, Thermometer
1571–1630	elektromagnetische Induktion, Grundgesetze der Elektrolyse
um 287–212 v. Chr.	Luftpumpe, Luftgewehr, Vakuumexperimente

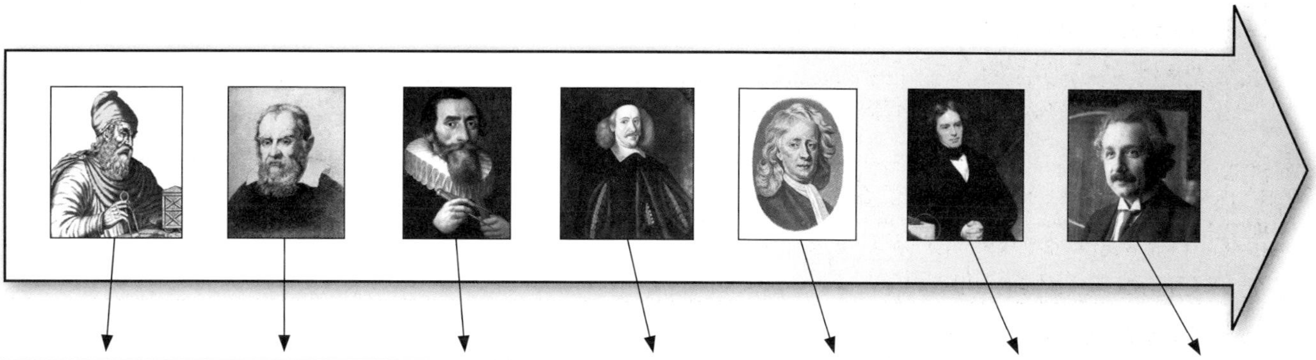

© Persen Verlag

Die Teilgebiete der Physik

1. Welches Teilgebiet bin ich?

Ich beschäftige mich mit den Bewegungen von Körpern, mit dem Druck sowie dem Schwimmen, Steigen und Schweben. Außerdem untersuche ich die Kräfte und wie ich Kräfte mit Hebeln, Rollen Flaschenzügen einsparen kann.

a) ______________________

Ich untersuche den Blitz, alle elektrisch geladenen Körper und den elektrischen Strom mit seinen Wirkungen. Ich weiß, wie die elektrischen Geräte funktionieren und wie man mit Spulen und Magneten den elektrischen Strom erzeugt.

b) ______________________

Mein Ziel ist es die Ausbreitung des Lichtes, die Reflexion und Brechung zu erklären. So ist es möglich, Brillen, Fernrohre und Mikroskope herzustellen.

c) ______________________

Mit den Erkenntnissen aus meinem Teilgebiet können die Menschen aus ganz kleinen Teilchen sehr viel Energie gewinnen, aber auch sehr großen Schaden anrichten.

d) ______________________

Ich kenne alle Arten der Wärmeübertragung und weiß, wann Stoffe sieden, schmelzen und erstarren. Beim täglichen Autofahren nutzen viele Menschen meine Erkenntnisse.

e) ______________________

Ich bin ein kleines Teilgebiet. Dafür weiß ich, was Musik ist und wie sie sich ausbreitet.

f) ______________________

2. Ordne den einzelnen Erfindungen je ein Teilgebiet zu.

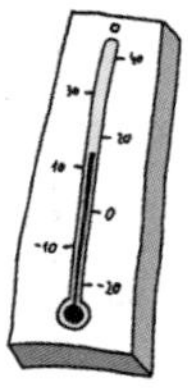

____

____

3. Nenne Erfindungen oder technische Geräte, die in den einzelnen Teilgebieten entdeckt oder entwickelt wurden.

____

____

____

Anke Ganzer: Physik I – kompetenzorientierte Aufgaben
© Persen Verlag

4. Trage die Teilgebiete der Physik in die Tabelle ein. Was denkst du, welche Fragen stellten sich einige Physiker? Welche Erfindungen machten sie?

Teilgebiete	Fragen der Physiker	Erfindungen
Mechanik		*Flaschenzug*
	Wie kann ich den Mond größer sehen?	
Wärmelehre	*Warum wird der Topfdeckel beim Kochen heiß?*	
		Megafon
	Kann man mit Strom Licht erzeugen?	

© Persen Verlag

Finden einer physikalischen Gesetzmäßigkeit

Wie verhalten sich warme und kalte Flüssigkeiten beim Zusammentreffen?

Fülle in eine Flasche heißes gefärbtes Wasser und verschließe diese fest mit Folie.

Stelle die Flasche in ein Glas mit kaltem Wasser, sodass sie ganz bedeckt ist.

Stich nun in die Folie mit einem spitzen Stäbchen ein Loch und beobachte genau, was geschieht.

a) **Hypothese**: Welches Ergebnis erwartest du?

____

____

____

b) Führe das **Experiment** durch. Notiere deine **Beobachtung**.

____

____

____

c) **Vergleiche** deine Hypothese mit dem Ergebnis des Experiments.

____

____

____

____

d) Stelle eine allgemeingültige **Aussage** auf. (Gesetz)

____

____

____

____

© Persen Verlag

Einheitenvorsätze

1. Ergänze den Lückentext.

Sind bei physikalischer Größen die Zahlenwerte unpraktisch ____________________ oder ____________________, so kann man die Einheit mit einem Vorsatz vergrößern oder verkleinern, indem man mit einer Zehnerpotenz ____________________ oder ____________________.

2. Verbinde die passenden Vorsätze mit den Zehnerpotenzen.

Hekto
Kilo
Mega
Dezi
Nano
Milli
Zenti

das Millionenfache	=	· 1 000 000
das Tausendfache	=	· 1000
das Hundertfache	=	· 100
ein Zehntel	=	: 10
ein Hundertstel	=	: 100
ein Tausendstel	=	: 1000
ein Milliardstel	=	: 1 000 000 000

3. Trage die Einheitenvorsätze aufsteigend in die Tabelle ein und vervollständige sie.

Vorsatz	Symbol	Rechnung	Verwendung bei …
			Nanometer nm
	m		
		: 100	
Dezi			
			Hektoliter hl
Kilo			
		· 1 000 000	

4. Vervollständige mit dem passenden Vorsatz.

a) Luisa teilt ein Meter in 100 gleich große Teile,
so ist jedes Teil ein __________meter.

b) Sarah füllt 100 Mal ein Liter Wasser in ein Fass,
so ist in dem Fass ein ____________liter.

c) Rebecca legt 1000 Ein-Gramm-Massestücke auf eine Waage,
so zeigt die Waage ein ____________gramm.

d) Franziska teilt einen Liter Limonade gleichmäßig auf 1000 Gläser auf,
so ist in jedem Glas ein ____________ liter.

© Persen Verlag

5. Welche Vorsätze passen zu den nachfolgenden Einheiten?

a) Gramm – Einheit der Masse: ____________________

b) Meter – Einheit der Länge: ____________________

c) Volt – Einheit der Spannung: ____________________

d) Liter – Einheit des Volumens: ____________________

6. Erkunde weitere Einheitenvorsätze, ihre Symbole, Bedeutung und Verwendung.

____

____

____

Tipp:
Nutze ein Tafelwerk

7. Rechne in Meter um.

a) 1 cm = ____________________

c) 1 dm = ____________________

b) 1 km = ____________________

d) 1 nm = ____________________

8. Watt (W) ist die Einheit der Leistung. Rechne in Watt um.

a) 1 kW = ____________________

b) 1 MW = ____________________

c) 1 GW = ____________________

9. Nutze zur Vereinfachung die Einheitenvorsätze.

a) 51 000 g = ____________________

b) 6000 g = ____________________

c) 0,250 g = ____________________

d) 0,034 g = ____________________

e) 0,8 t = ____________________

f) 0,025 m = ____________________

g) 0,000000085 m = ____________________

h) 16 000 m = ____________________

i) 300 l = ____________________

j) 0,002 l = ____________________

k) 0,05 l = ____________________

10. Wie viel Kilogramm sind ein Megagramm?

____

© Persen Verlag

Arbeit mit Diagrammen

1. In folgendem Diagramm ist der Temperaturverlauf beim Erhitzen von 300 ml Wasser dargestellt.

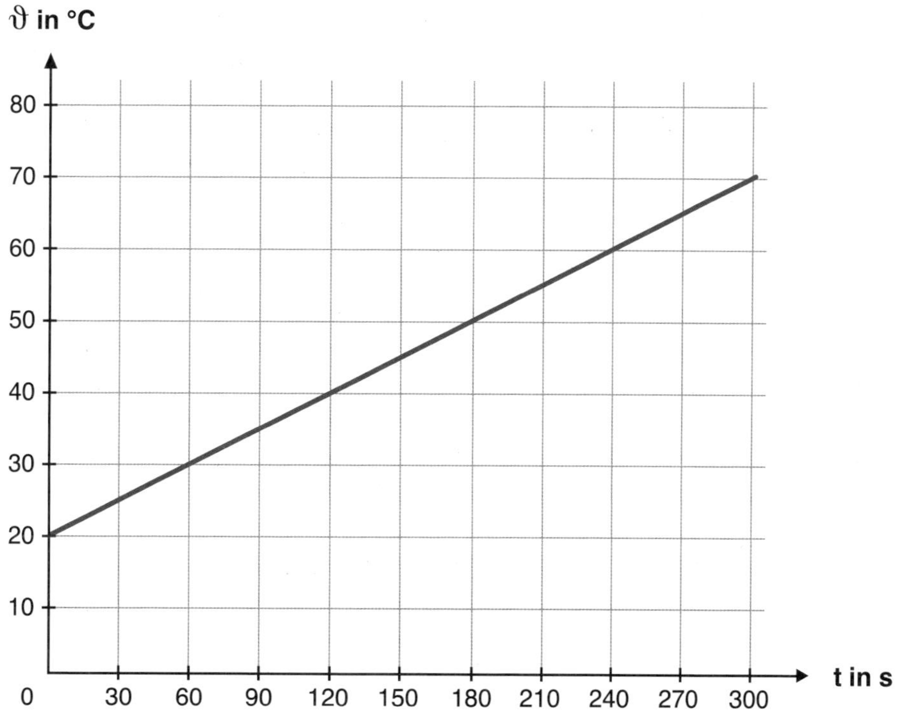

a) Wie heißt das Diagramm?

____

b) Vervollständige die Tabelle und ergänze 3 Messwerte.

Zeit in s	Temperatur in °C
0	
150	
	30
	55

c) Wie viel Zeit verging beim Erhitzen des Wassers von 20 °C auf 40 °C : __________

und von 60 °C auf 70 °C : __________

d) Um wie viel °C steigt die Temperatur des Wassers zwischen

der 0. und 2. Minute : __________

und der 3. bis 5. Minute : __________

© Persen Verlag

2. Sally hat an ein Gummiband verschiedene Massestücke gehängt und die Verlängerung des Gummis gemessen.

Masse in g	0	50	100	150	200	250
Länge in cm	0	3	6	9	12	15

a) Trage die Werte in ein Masse-Länge-Diagramm ein.

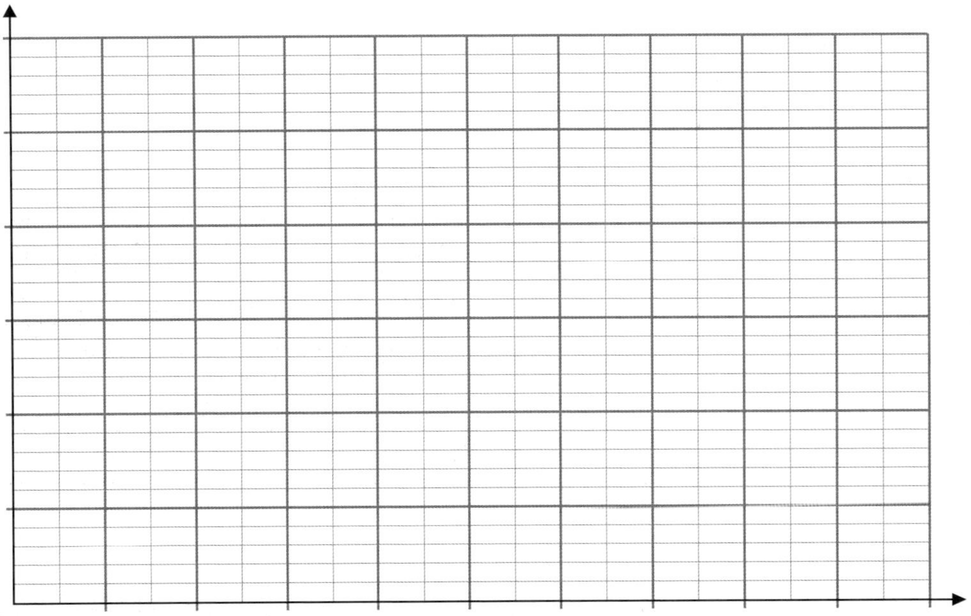

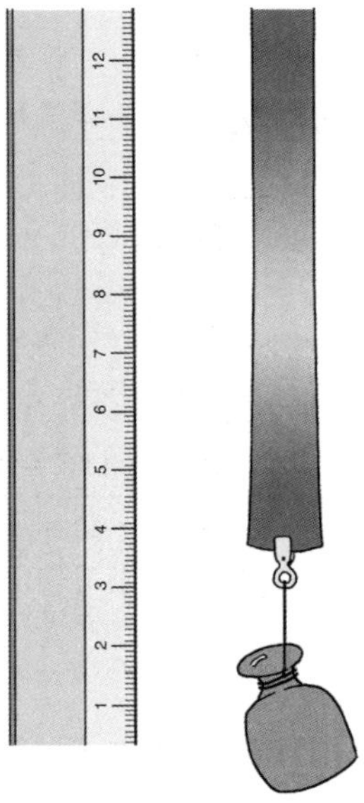

b) Was stellst du fest? Vervollständige:
Je größer die angehängte Masse, um so ____________________ das Gummiband.

c) Um wie viel Zentimeter verlängert sich das Gummiband, wenn sie eine Masse anhängt von:

(1) 75 g ____________ (2) 225 g ____________ (3) 300 g ____________

d) Welche Masse muss sie anhängen, damit sich das Gummiband verlängert um:

(1) 7,5 cm ____________ (2) 10,5 cm ____________ (3) 24 cm ____________

e) Sally überlegt, wie die Kurve weiterverläuft, wenn sie immer mehr Masse an das Gummi hängt. Was wird passieren?

____

f) Sally nimmt ein zweites Gummiband und wiederholt den Versuch. Die Kurve im Diagramm verläuft unter der ersten Kurve. Ist das Gummiband straffer oder weicher? Begründe deine Aussage.

____

____

Anke Ganzer: Physik I – kompetenzorientierte Aufgaben
© Persen Verlag

Lernzielkontrolle

1. Vervollständige!

Die Physik untersucht die Naturvorgänge im Bereich der ________________ Materie.

Zur Erkenntnisgewinnung führen Physiker mehrere Tätigkeiten aus, wie zum Beispiel

______________________, ______________________ oder ______________________ .

Berühmte Physiker waren ______________________ und ______________________ .

______________________ .

2. Verbinde!

Mechanik	Aufbau der Atome, radioaktive Strahlung
Optik	Entstehung und Ausbreitung von Schall
Wärmelehre	Eigenschaften elektrisch geladener Körper
Elektrizitätslehre	Temperatur, Übertragung von Wärme
Akustik	Ausbreitung des Lichtes
Atom- und Kernphysik	Bewegung von Körpern, Kräfte

3. Ordne zu!

der zehnte Teil | der hundertste Teil | der tausendste Teil

das Hundertfache | das Tausendfache | das Millionenfache

a) 1 Millimeter ist ______________________ eines Meters.

b) 1 Kilogramm ist ______________________ eines Gramms.

c) 1 Dezimeter ist ______________________ eines Meters.

d) 1 Hektoliter ist ______________________ eines Liters.

e) 1 Zentiliter ist ______________________ eines Liters.

f) 1 Megawatt ist ______________________ eines Watts.

4. Wie heißt das abgebildete Diagramm?

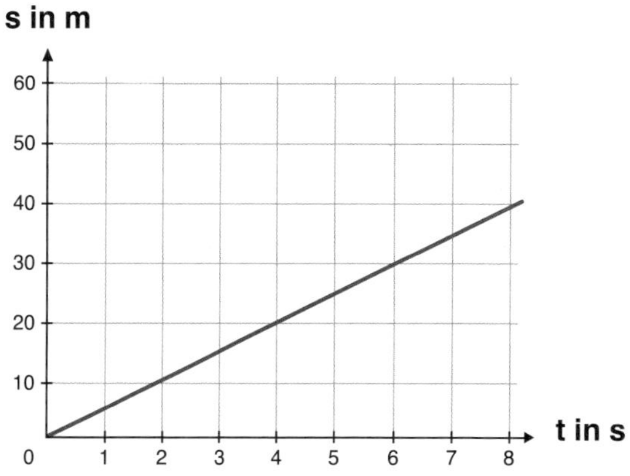

____

b) Wie viel Meter legt das Fahrzeug in 6 s zurück?

____

c) Wie lange benötigt das Fahrzeug für 40 m?

____

© Persen Verlag

Lichtausbreitung

1. Teile folgende Körper in zwei Gruppen ein. Finde den zweiten Oberbegriff.

	beleuchtete Körper

2. Worin unterscheidet sich die Glühlampe von allen anderen Körpern in ihrer Gruppe?

____

____

3. Hannes spielt mit seinen Freunden Verstecken und berichtet von folgenden Ereignissen.

„Zuerst schaute ich durch einen Schlauch um die Ecke, um meine Freunde zu beobachten. Ich konnte sie jedoch nicht sehen. Anschließend versteckte ich mich extra weit hinter der Lampe. Doch auch hinter der Lampe war es nicht ganz dunkel und ich wurde gefunden. Zum Schluss wollte ich mich in einem sehr dunklen Raum verstecken. Als meine Freunde hineinkamen und auf den Lichtschalter drückten, war es so schnell hell, dass ich keine Chance hatte zu fliehen."

Welche Eigenschaften des Lichtes lassen sich daraus ableiten?

____

____

____

© Persen Verlag

4. Warum werden die Schülertische so aufgestellt, dass das Tageslicht von links einfällt?

____

____

____

____

____

____

5. Was ist ein Lichtjahr?

- ☐ Die Lichtrechnung für ein Jahr in einem 4-Personen-Haushalt.
- ☐ Die Lichtmenge, die in einem Jahr die Erde erreicht.
- ☐ Der Weg, den das Licht in einem Jahr zurücklegt.
- ☐ Die Zeit, die das Licht in einem Jahr durchschnittlich eingeschaltet ist.

6. Warum kann man die Lichtstrahlen hier im Nebel besonders gut sehen?

____

____

____

____

____

____

____

____

____

© Persen Verlag

Licht und Schatten

1. Vervollständige!

Geht von einer Lichtquelle Licht aus, so entsteht hinter einem ______________________ Körper ein Schatten. Wir unterscheiden den Kernschatten und den Halbschatten, wenn der Körper von ________________ Lichtquellen angestrahlt wird.

2. Erkläre das Zustandekommen dieses Schattenbildes.

____

____

____

____

____

____

____

____

3. Beschrifte Kern- und Halbschattengebiete.

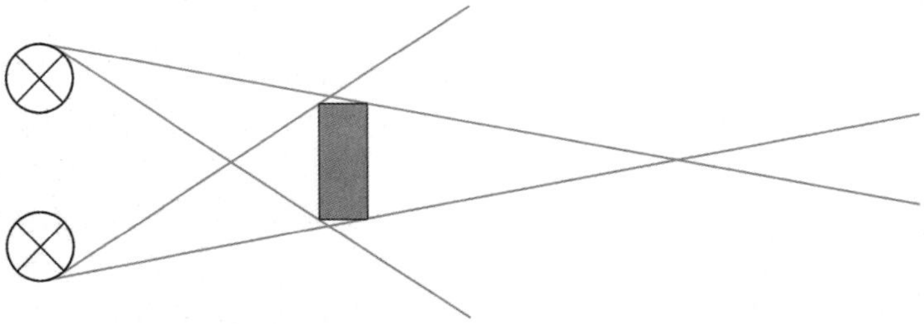

4. Eine Lichtquelle beleuchtet einen lichtundurchlässigen Körper. Zeichne den entstandenen Schatten in die Skizze.

5. Hinter einem Körper ist ein Schatten zu sehen. Konstruiere die Lichtquelle.

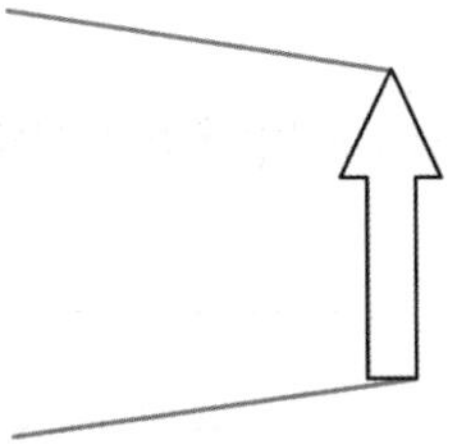

Anke Ganzer: Physik I – kompetenzorientierte Aufgaben
© Persen Verlag

6. **Ein lichtundurchlässiger Körper wird von zwei Lichtquellen beleuchtet. Zeichne die entstandenen Schatten in unterschiedlichen Farben.**

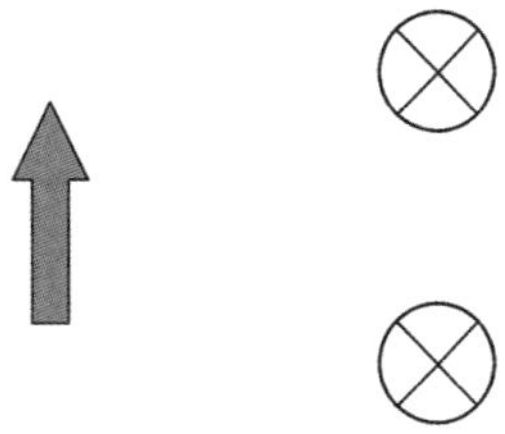

7. **Ein lichtundurchlässiger Körper wird von zwei Lichtquellen beleuchtet. Finde durch Konstruktion die 2 Lichtquellen.**

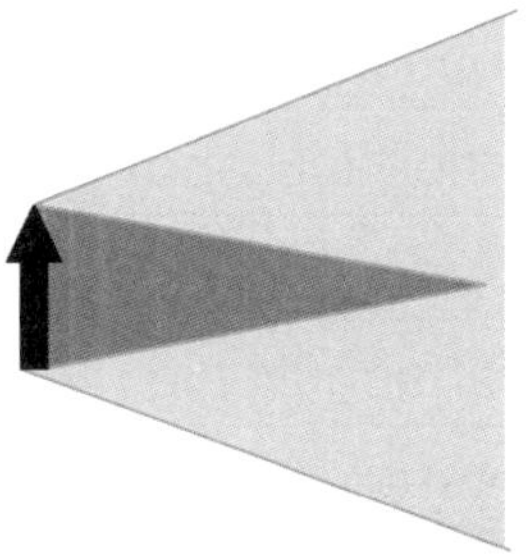

8. **Wie viele Lichtquellen sieht man, wenn man im Kernschatten steht?**

____

9. **Zu welcher Tageszeit wurden folgende Bilder aufgenommen?**

____________________ ____________________

10. **Jan behauptet: „Nach Süden fällt kein Schatten.“ Was sagst du dazu?**

____

____

© Persen Verlag

Sonnen- und Mondfinsternis

1. Welche Abbildung zeigt eine Sonnenfinsternis und welche eine Mondfinsternis?

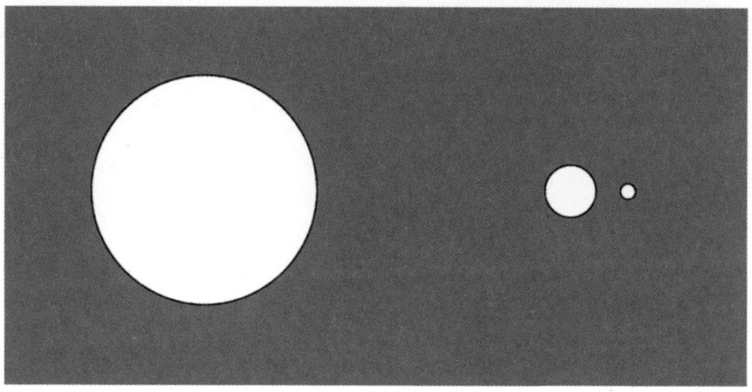

____

2. Welche Aussage trifft bei einer Sonnenfinsternis zu.

- ☐ Bei der Sonnenfinsternis steht die Erde zwischen Sonne und Mond.
- ☐ Bei einer Sonnenfinsternis wirft der Mond seinen Kernschatten auf die Erde.
- ☐ Bei einer Sonnenfinsternis liegt der Mond im Kernschatten der Erde.
- ☐ Sonnenfinsternisse sind nur bei Vollmond von der Erde aus zu beobachten.
- ☐ Sonnenfinsternisse sind nur bei Neumond von der Erde aus zu beobachten.

3. Verbinde!

Vollmond
Neumond
abnehmender Mond
zunehmender Mond

4. Warum kann bei Vollmond keine Sonnenfinsternis vorkommen? Begründe deine Antwort mithilfe einer Skizze.

____

____

____

____

© Persen Verlag

5. Zeichne auf der Umlaufbahn des Mondes um die Erde die vier Mondphasen ein.

6. Finde mithilfe verschiedener Medien oder Kalender heraus, wann …

a) in Deutschland der nächste Vollmond ist: ______________________

b) in Deutschland der nächste Neumond ist: ______________________

c) die nächste Sonnenfinsternis in Europa ist: ______________________

d) die nächste Mondfinsternis in Europa ist: ______________________

7. Wie entsteht eine Sonnenfinsternis auf dem Mond?
Skizziere die Position der Planeten.

© Persen Verlag

Lernzielkontrolle

1. Vervollständige!

Das Licht wird von ______________________________ ausgestrahlt. Es breitet sich ________________, ________________ und mit ____________________ aus.

Ein Schatten entsteht hinter einem ____________________, ____________________ Körper. Liegt die Erde im Kernschatten des Mondes, so ist das eine ________________.

Liegt der Mond im Kernschatten der Erde, so nennt man das eine ________________.

2. Ein Holzwürfel mit einer Kantenlänge von 3 cm wird mit einer Taschenlampe angestrahlt. Die Lampe ist 5 cm von dem Würfel entfernt. Eine Wand befindet sich 5 cm hinter dem Würfel.

a) Konstruiere den entstandenen Schatten.

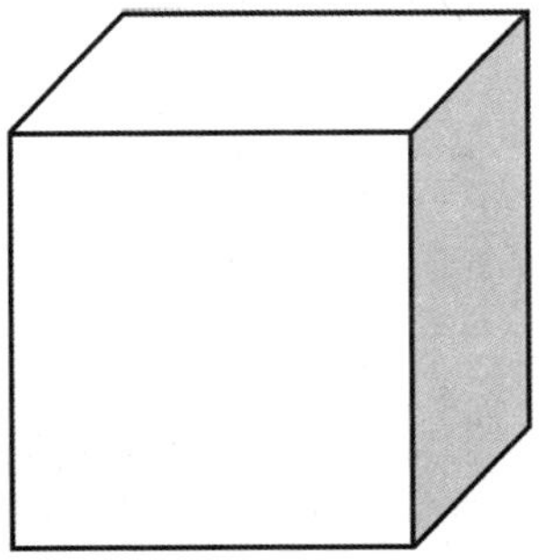

b) Wie ändert sich der Schatten?

(1) Wird der Würfel näher an die Lampe geschoben,
dann wird der Schatten ____________________________ .

(2) Wird der Würfel weiter von der Lampe weg geschoben,
dann wird der Schatten ____________________________ .

3. Je senkrechter die Lichtquelle über einem Menschen steht, desto

a) länger,

b) kürzer ist der Schatten.

Anke Ganzer: Physik I – kompetenzorientierte Aufgaben
© Persen Verlag

4. Warum kann man im Schatten eines Baumes trotzdem ein Buch lesen?

____

____

____

____

5. Zeichne die Schattengebiete ein und beschrifte sie.

Wie viele Lichtquellen sieht man im Kernschatten? ______________

6. Warum kann man in folgendem Bild die Lichtstrahlen besonders gut sehen?

____

____

____

____

____

____

____

7. In welchem Punkt ist der Satellit von der Erde aus für uns nicht sichtbar?

☐ A

☐ B

☐ C

☐ D

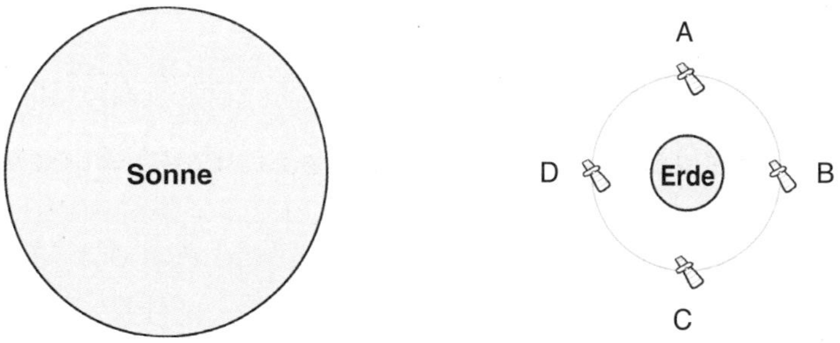

© Persen Verlag

Camera Obscura

Die „Camera Obscura“ (lat. dunkles Gewölbe) ist ursprünglich ein dunkler Raum, in dem sich an einer Seite ein kleines Loch befindet. Dort fällt das Licht der Umgebung ein. Auf der Wand dem Loch gegenüber wird ein auf dem Kopf stehendes Bild der Umgebung sichtbar. Man spricht auch von einer Lochkamera. Später nutzte man dieses Prinzip und bannte das entstandene Bild auf Fotopapier. Folglich wird die Lochkamera auch häufig als Vorläuferin der heutigen Kamera bezeichnet.

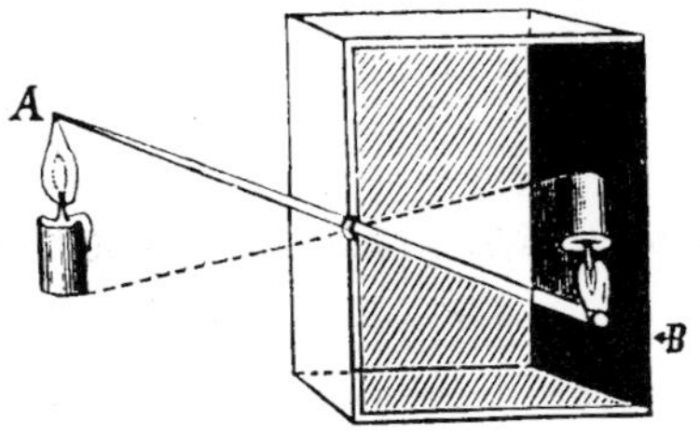

Vielleicht haben schon Höhlenbewohner bunte Bilder der Umgebung entdeckt, die durch ein Astloch in der Höhlentür fielen. Deshalb zählt die Camera Obscura zu den ältesten Entdeckungen der Menschheit. Frühe Aufzeichnungen dazu stammen von Aristoteles (384–332 v. Chr.). Erste Versuche mit einer Lochkamera unternahm der Araber Alhazen (um 965–1039/40), der mit ihr erste exakte Sternenkarten zeichnete. Astronomen nutzten ab dem 13. Jahrhundert Lochkameras für die Beobachtung der Sonnenflecken und Sonnenfinsternisse. Leonardo da Vinci fertigte bei seinen Untersuchungen zu Strahlenverläufen Zeichnungen zur Lochkamera an. Er stellte fest, dass der Sehvorgang in unserem Auge nach demselben Prinzip funktioniert.

Später wurden in das Loch größere geschliffene Linsen eingesetzt. Solch ein Gerät ist auch Johannes Kepler (1571–1630) bekannt gewesen. Er war ein deutscher Naturphilosoph, Astronom, Astrologe und Optiker und beschäftigte sich viele Jahre mit der Planetenbewegung. Eine transportable Camera Obscura konstruierte 1686 Johann Zahn. Ein im Winkel von 45° zur Linse eingebauter Spiegel projizierte das Bild auf eine Mattscheibe. Dort konnte das Bild bequem abgezeichnet werden. So war es möglich, Landschaften auf Papier abzumalen und Proportionen einzuhalten. Einer der bekanntesten Maler, der die Lochkamera nutzte, war Canaletto (Bernado Bellotto 1721/22–1780), der Bilder von Berlin und Warschau damit zeichnete.

So diente einerseits die Camera Obscura als Zeichenhilfe, andererseits war sie aufgrund ihrer ausgefallenen physikalischen Funktionsweise eine Attraktion. Viele begehbare Lochkameras wurden gebaut. Auch heute sind begehbare Lochkameras touristische Attraktionen. In Deutschland lohnt sich ein Besuch zum Beispiel auf dem Berg Oybin bei Zittau, auf dem man einen 360° Rundumblick genießen kann. Das Bild wird dort auf das Dach eines alten Trabants projiziert. Weitere Besichtigungen sind in Mühlheim an der Ruhr, in Dresden oder Hamburg möglich.

Kennst du den Ort, durch den der Nullmeridian verläuft? Es ist Greenwich im Südosten Londons. Auch dort befindet sich eine Camera Obscura, in der man ein sehr schönes Bild von der Marineakademie und der Themse sehen kann.

Anke Ganzer: Physik I – kompetenzorientierte Aufgaben
© Persen Verlag

1. **In welchen Bereichen von Wissenschaft und Kunst wurde die Camera Obscura genutzt?**

2. **Welche Personen haben sich mit der Camera Obscura beschäftigt?**

3. **Wie wurde die Camera Obscura weiterentwickelt? Welchen Nutzen haben wir heute?**

4. **Skizziere die Bildentstehung in der Camera Obscura.**

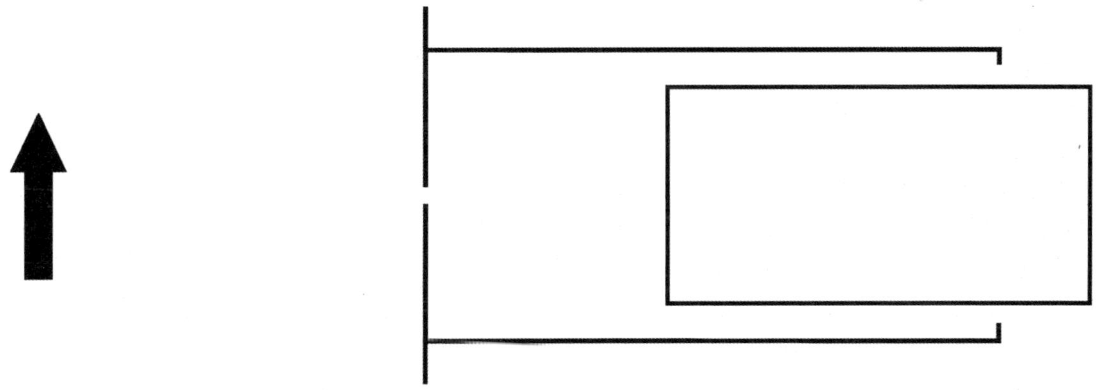

Bildeigenschaften:

5. **Baue eine Lochkamera.**

© Persen Verlag

Reflexion des Lichtes

1. Ordne zu.

Reflexion des Lichtes
Absorbtion des Lichtes
Brechung des Lichtes

teilweise Aufnahme des Lichtes
Änderung der Ausbreitungsrichtung
Zurückwerfen des Lichtes

2. Vervollständige!

Beleuchtete Körper können wir sehen, weil sie das Licht ______________________.

Sie werfen nur einen Teil des Lichtes zurück, den Rest ______________________ sie.

Das zurückgeworfene Licht, das wir sehen, nennt man ______________________.

Ein Körper, der sämtliches auf ihn fallendes Licht absorbiert, erscheint uns ______________.

Ein Körper, der alle Spektralfarben gleich stark reflektiert, erscheint uns ______________.

3. Ein schmales Lichtbündel trifft mit einem Einfallswinkel von 30° auf einen ebenen Spiegel. Konstruiere den weiteren Strahlenverlauf und nenne das hier geltende Gesetz im Wortlaut.

a) Gesetz

____

____

____

Kurz/Formel:

____

b) Nun wird der Einfallswinkel um 20° vergrößert. Um wie viel Grad ändert sich der Winkel zwischen einfallendem und reflektiertem Lichtstrahl? ______________

© Persen Verlag

4. Entscheide in welcher/welchen Skizze(n) der Sehvorgang richtig dargestellt ist.

Begründe deine Entscheidung.

____

____

____

____

5. Ist der Strahlenverlauf an dem ebenen Spiegel richtig oder falsch dargestellt?

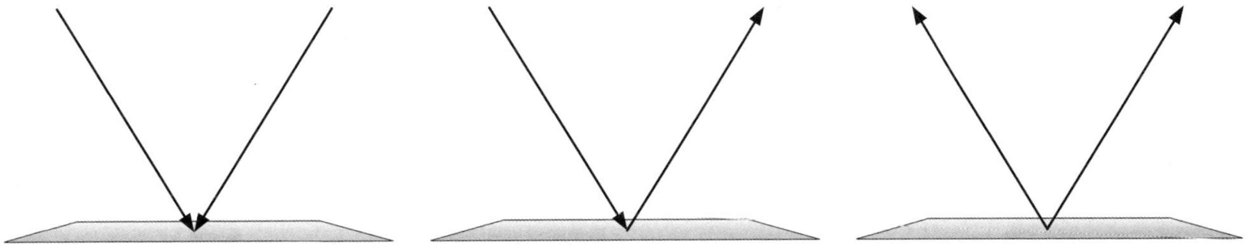

a) ______________ b) ______________ c) ______________

6. Daniela und Frank spielen Verstecken. Im Zimmer befindet sich ein Spiegel. Kann Frank seine Freundin Daniela sehen? Begründe durch eine geeignete Konstruktion.

____

____

____

____

____

____

____

____

© Persen Verlag

7. Gegeben sind ein einfallender und ein reflektierter Strahl. Konstruiere den Spiegel.

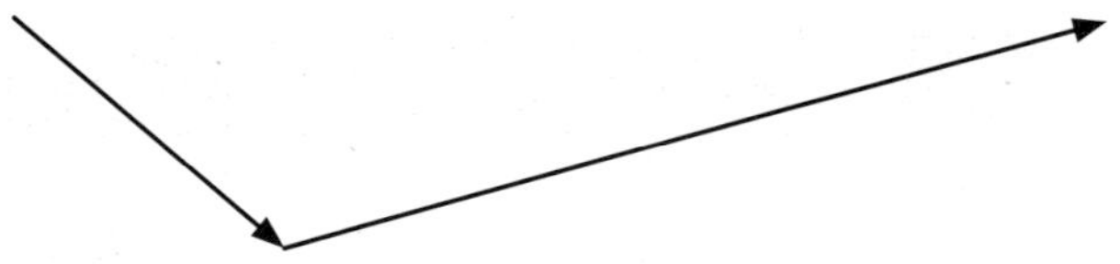

8. Hier sind versteckte Spiegel. Kannst du sie enttarnen?

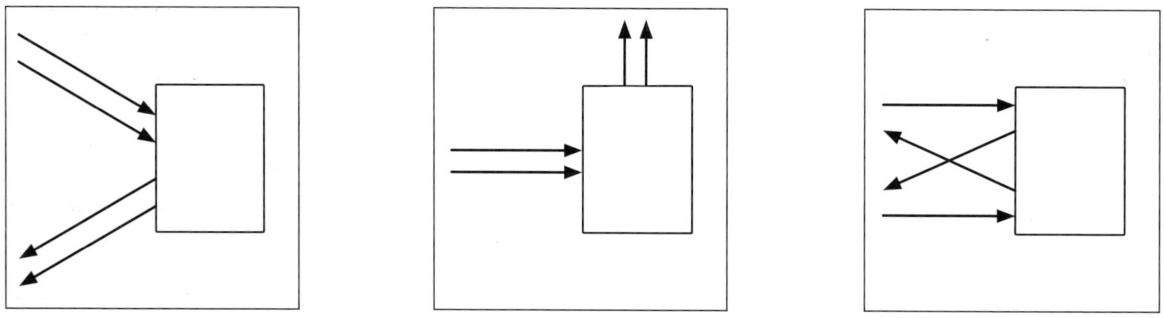

9. Welchen Zusammenhang gibt es zwischen der Farbe der Kleidung und der Sichtbarkeit des Menschen?

____

____

____

10. Außerirdische? Oder wie ist das möglich?

____

____

____

____

11. Einen Teil der Lichterfigur kann man auf den Fliesen gut, den anderen Teil auf dem Teppichboden nur schwach erkennen. Warum?

- ☐ Das Reflexionsgesetz gilt unterschiedlich.
- ☐ Von der Teppichoberfläche wird die Figur in alle Richtungen reflektiert.
- ☐ Von der Fliesenoberfläche wird die Figur nur in eine Richtung reflektiert.
- ☐ Die Teppichoberfläche absorbiert das Licht stärker.

12. Wie nennt man die Reflexion auf rauen Flächen? ______________________

Anke Ganzer: Physik I – kompetenzorientierte Aufgaben
© Persen Verlag

Hohl- und Wölbspiegel

1. Ordne folgende Aussagen zu und kreuze an.

	Hohlspiegel	Wölbspiegel
nach außen gewölbt – konvex		
nach innen gewölbt – konkav		
Bild ist verkleinert.		
Licht wird im Brennpunkt gesammelt.		
Sichtfeld wird vergrößert.		

2. Leite aus diesen Eigenschaften der Spiegel verschiedene Verwendungszwecke ab.

____

____

____

3. Ordne zu.

Parallelstrahl **Brennpunktstrahl** **Mittelpunktstrahl**

a) In einem Hohlspiegel wird der Parallelstrahl zum ______________ reflektiert.

b) In einem Hohlspiegel wird der Brennpunktstrahl zum ______________ reflektiert.

c) In einem Hohlspiegel wird der Mittelpunktstrahl zum ______________ reflektiert.

4. Der Scheinwerfer eines Autos ist ein Hohlspiegel. Die Lampe befindet sich meist genau im Brennpunkt. Welchen Vorteil hat das? Begründe durch eine Skizze.

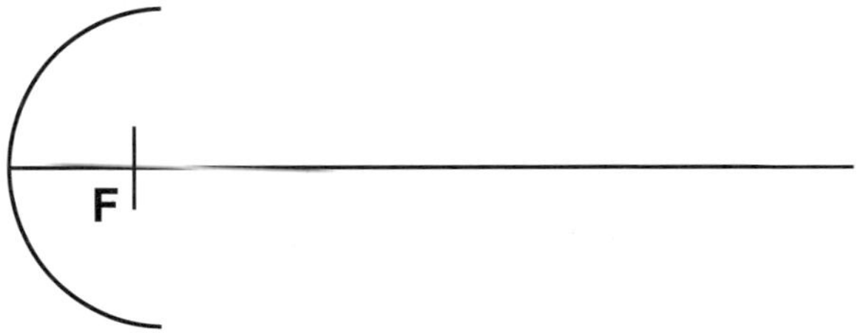

____

____

____

____

5. In der folgenden Abbildung ist der Strahlenverlauf falsch dargestellt. Berichtige.

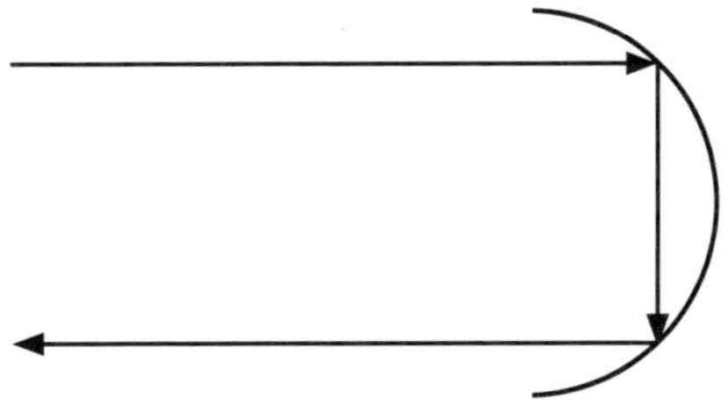

____

____

____

____

____

© Persen Verlag

6. Die Eigenschaften von Hohlspiegeln werden auch in Sonnenöfen genutzt. Der größte Sonnenofen der Welt befindet sich in Odeillo in Frankreich. 63 Fangspiegel reflektieren die Sonnenstrahlen auf einen 2000 m^2 großen Hohlspiegel. Dieser wiederum reflektiert die Strahlen auf einen 625 cm^2 großen Absorber. So erreicht dieser Sonnenofen eine Leistung von einem Megawatt und Temperaturen von bis zu 4000 °C.

   Beschreibe wie das erreicht wird. Erläutere dabei auch den Strahlenverlauf des Sonnenlichtes.

Anke Ganzer: Physik I – kompetenzorientierte Aufgaben
© Persen Verlag

Archimedes und die römische Flotte

Archimedes lebte von 287 bis 212 v. Chr. in Syrakus. Syrakus war zu dieser Zeit eine bedeutende griechische Kolonie im heutigen Sizilien. Häufig wurde Syrakus von den Römern angegriffen. Im Jahre 214 v. Chr. belagerten die Römer Sizilien und die Stadt Syrakus. Da Archimedes nicht nur ein genialer Mathematiker und Erfinder war, der die Zahl Pi und den Auftrieb entdeckte, sondern auch ein begnadeter Techniker, entwickelte er für seine Mitmenschen viele nützliche Geräte. Zum Beispiel baute er eine Schraube, die das Wasser aus dem Fluss zu den trockenen Feldern transportierte. Zum Entzünden von Feuer erfand er auch den Brennspiegel. Mit dieser Technik wird auch heute noch alle vier Jahre das olympische Feuer entzündet. Während der Belagerung entwickelte er verschiedene Kriegsmaschinen, zum Beispiel Schleudern, Hebewerke und Wurfmaschinen mit Greifarmen. Die spektakulärste Waffe aber war eine Strahlenkanone. Die Legende besagt, dass Archimedes die Bürger der Stadt Syrakus mit den von ihm erfundenen Brenn- und Hohlspiegeln ausstattete und so auf eine Anhöhe platzierte, dass die Spiegel das Sonnenlicht reflektierten und auf einen Brennpunkt lenkten. Das Sonnenlicht wurde dort zu einem energiereichen Lichtstrahl gebündelt. Dieser Lichtstrahl wurde auf die heranrollende römische Flotte gelenkt und setzte die Schiffe reihenweise in Brand. Das soll den Angriff der Römer abgewehrt haben.

Im Jahre 212 v. Chr. eroberten die Römer doch noch Syrakus. Nach der Eroberung wollte ein römischer Soldat Archimedes festnehmen und fand ihn beim Zeichnen geometrischer Kreise. Er fühlte sich gestört und rief dem römischen Soldaten zu: „Störe meine Kreise nicht!" Der Soldat geriet in Rage und erschlug Archimedes.

a) Nenne zwei Gründe, die Archimedes Erfindungen begünstigten.

____

____

b) Ist die Bezeichnung „Strahlenkanone" physikalisch richtig?

____

____

c) Skizziere in deinem Heft, wie du dir diese Kampfaufstellung vorstellst.

d) Wohin muss man die Fackel bei der Entzündung des olympischen Feuers halten?

____

____

© Persen Verlag

Brechung des Lichtes

1. Ein schmales Lichtbündel trifft auf eine Wasseroberfläche.

a) Zeichne das Lot ein und konstruiere den weiteren Strahlenverlauf.

b) Beschrifte alle Strahlen und Winkel.

c) Nenne und formuliere das hier geltende Gesetz.

____

Kurz: ____

2. Ein Taucher leuchtet in der Nacht mit einer Lampe aus dem Wasser heraus.

a) Zeichne den weiteren Strahlenverlauf des Lichtbündels der Lampe ein.

b) Wie muss man eine Lampe halten, wenn man den Taucher im Wasser vom Bootssteg aus blenden möchte? Begründe deine Antwort.

____

____

____

c) Was kann der Taucher beobachten, wenn er mit der Lampe sehr viel schräger an die Wasseroberfläche leuchtet?

____

____

____

d) Zeichne den Strahlenverlauf aus c).

Anke Ganzer: Physik I – kompetenzorientierte Aufgaben
© Persen Verlag

3. **Piere will mit einem Speer einen Fisch erlegen. In welcher Position sollte er den Speer halten, um Erfolg zu haben?**

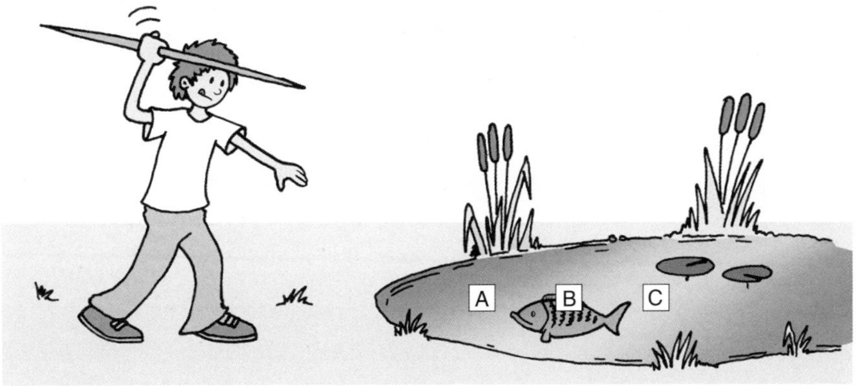

☐ A

☐ B

☐ C

4. **Reflexion oder Brechung? Welche physikalische Erscheinung kann man bei den verschiedenen Körpern beobachten? Kreuze an.**

	Reflexion	Brechung
Lupe		
Schaufensterscheibe		
Weihnachtsbaumkugel		
Mikroskop		
Kosmetikspiegel		
Löffel		
Brille		

5. **Fülle ein einfaches Glas mit Wasser und halte dahinter folgendes Bild.**

a) Erkläre deine Beobachtung.

____

____

____

____

b) Schiebe nun das Blatt langsam von dem Glas weg, bis das Bild wieder sichtbar ist. Was kannst du nun beobachten?

____

____

____

____

© Persen Verlag

Strahlenverlauf durch Linsen

1. Wir unterscheiden zwei verschiedene Linsenarten. Benenne sie und zeichne die Linsen in die jeweilige Spalte ein.

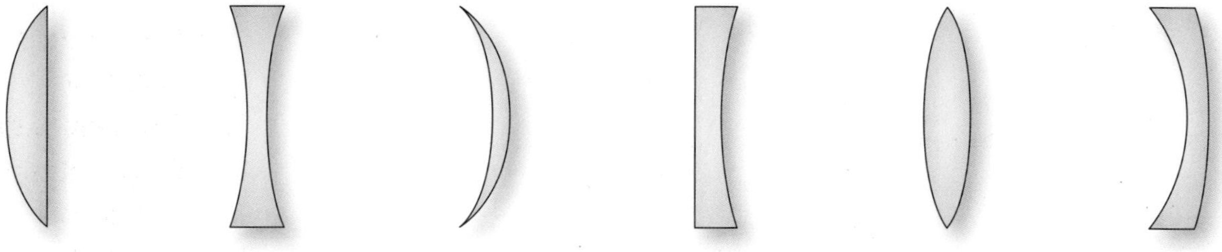

2. Zeichne den weiteren Strahlenverlauf ein.

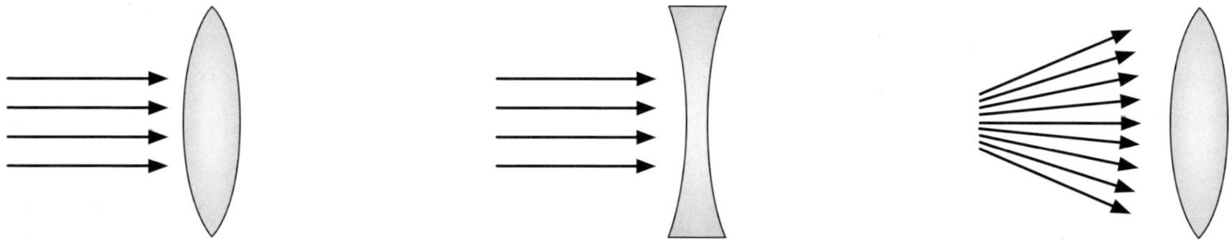

3. a) Zeichne die drei Hauptstrahlen einer Sammellinse und ihren weiteren Verlauf durch die Linse ein.

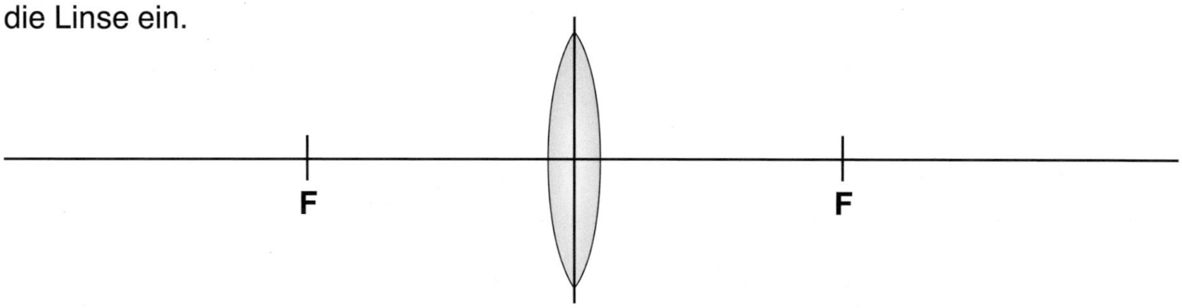

b) Formuliere drei allgemeine Aussagen über den Strahlenverlauf.

____

____

4. Die Sammellinse im Bild a) hat eine Brennweite von 2 cm, die Sammellinse im Bild b) eine Brennweite von 4,5 cm. Trage die Brennpunkte ein.

a) 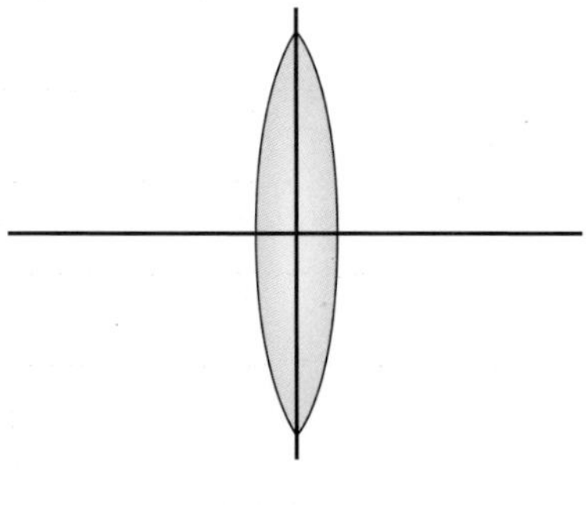

b) 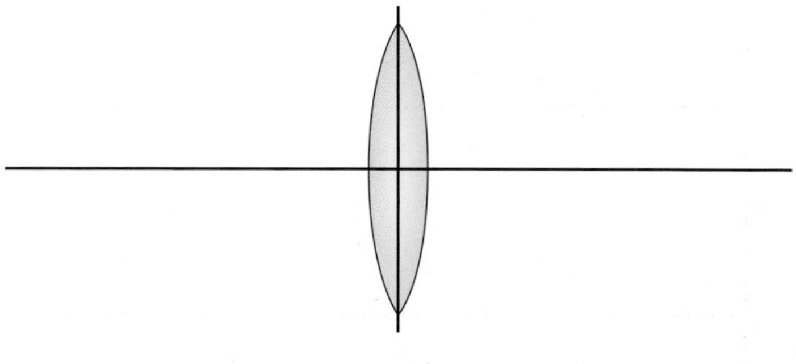

Anke Ganzer: Physik I – kompetenzorientierte Aufgaben
© Persen Verlag

Bildentstehung an Sammellinsen

1. Beschrifte die Abbildung mit folgenden Begriffen:

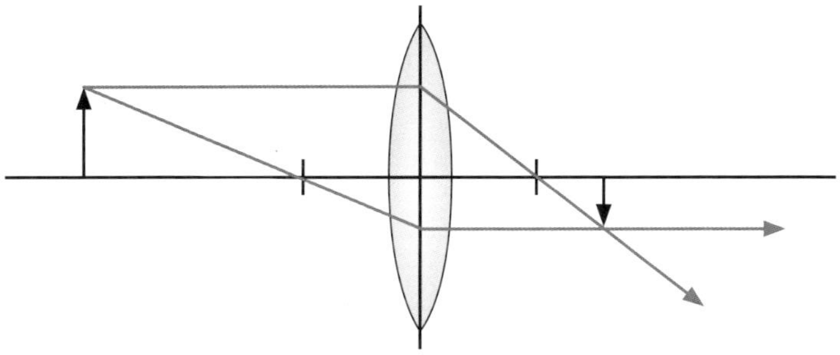

F – Brennpunkt
f – Brennweite
G – Gegenstandsgröße
g – Gegenstandsweite
B – Bildgröße
b – Bildweite

2. Konstruiere die Bilder und nenne die Bildeigenschaften.

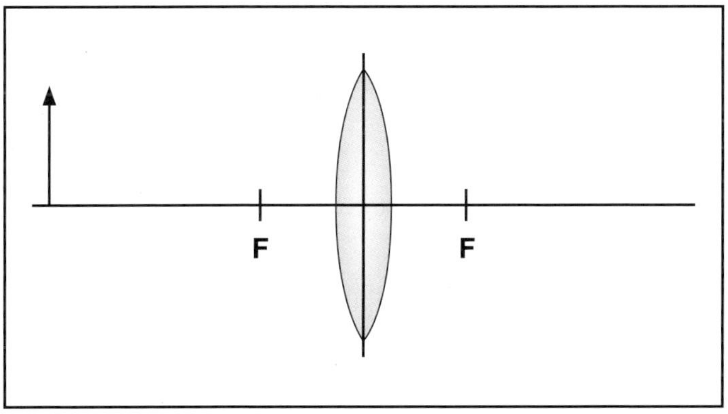

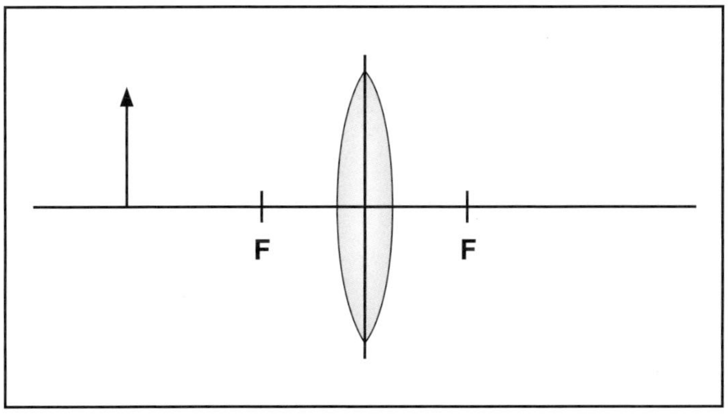

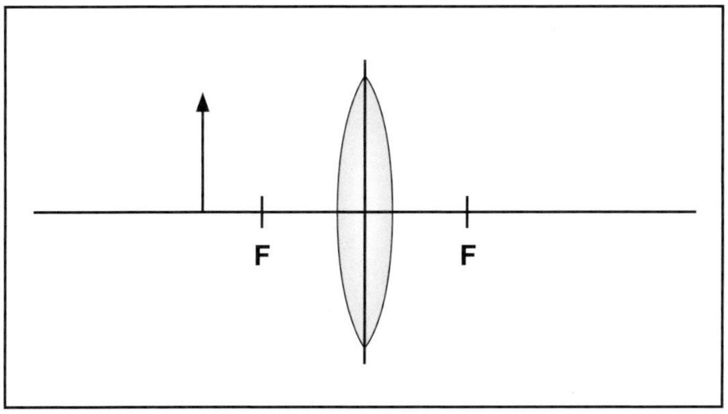

© Persen Verlag

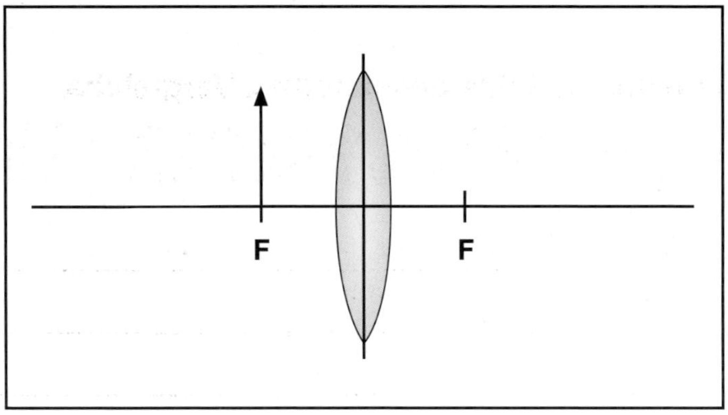

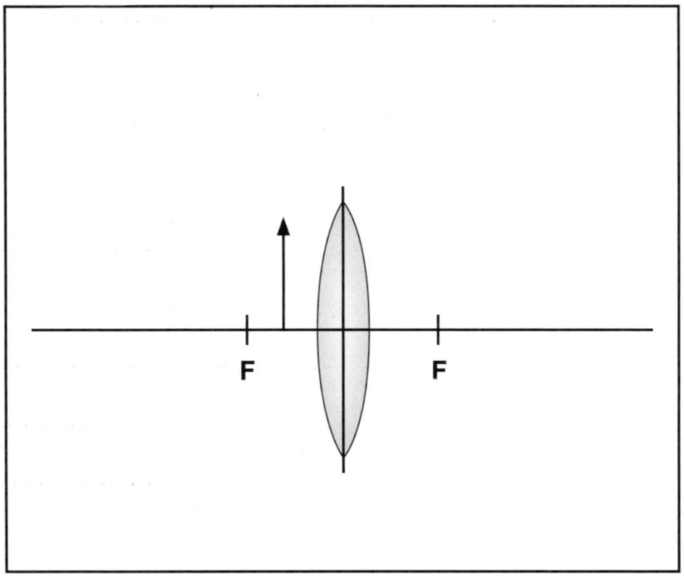

In welchem Bild wird die Bildentstehung der Lupe dargestellt?
Die Bildeigenschaften sind von der Lage des Gegenstandes zum ______________ abhängig.

Anke Ganzer: Physik I – kompetenzorientierte Aufgaben
© Persen Verlag

Optische Geräte

1. Zeichne die Strahlenverläufe ein und nenne die Bildeigenschaften. Vergleiche.

a) Lochkamera

b) Auge

c) Fotoapparat

d) Projektor

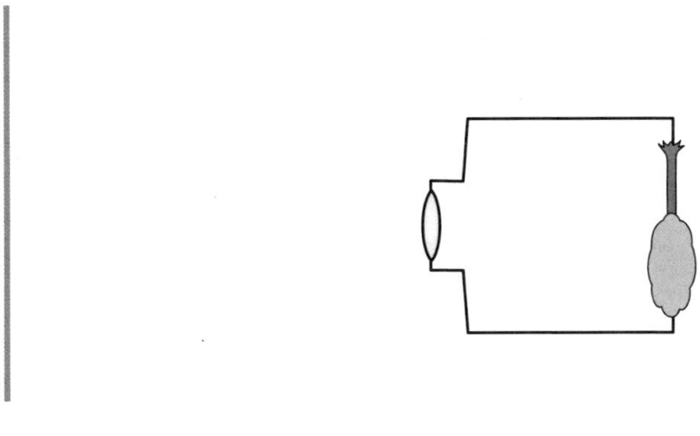

© Persen Verlag

Lernzielkontrolle

1. Vervollständige den Lückentext.

Trifft ein Lichtstrahl auf Glas oder Wasser, so wird er ____________________ . Das können wir z. B. beobachten bei ____________________ . Trifft das Licht auf einen Spiegel, wird es ____________________ . Diese Eigenschaften verwenden wir in vielen optischen Geräten zum Beispiel: ____________________ oder ____________________ .

2. Vervollständige die Strahlenverläufe und nenne die hier geltenden Gesetze.

(1)

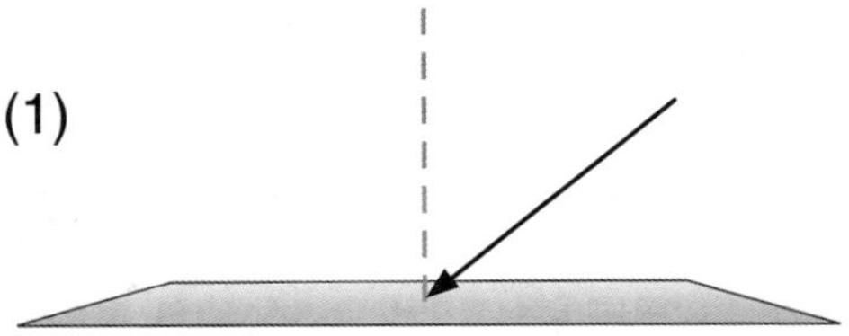

(2)

____

Nun wird der Einfallswinkel im Bild (1) um 10° vergrößert. Dadurch vergrößert sich der Winkel zwischen einfallendem und reflektiertem Lichtstrahl um ________ Grad.

3. Begründe, dass Reflektoren an den Schulranzen für eine größere Sicherheit der Kinder sorgen.

____

4. In welchen Bildern ist der Strahlenverlauf nicht ganz richtig eingezeichnet? Finde sie heraus und korrigiere sie.

(1)

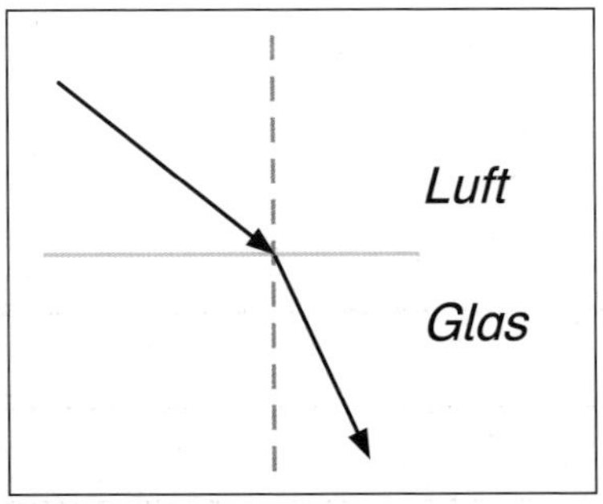

(2)

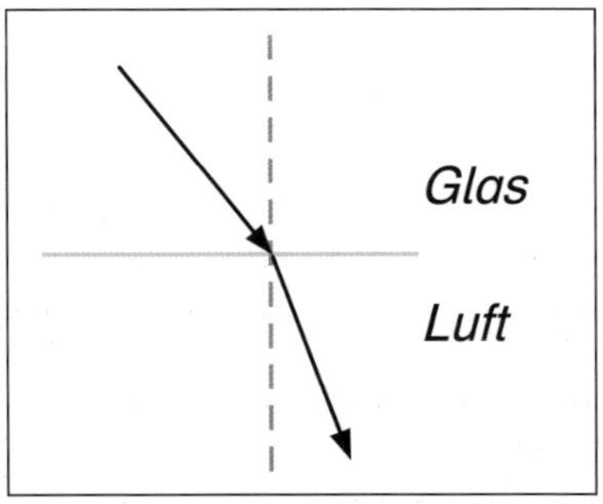

(3)

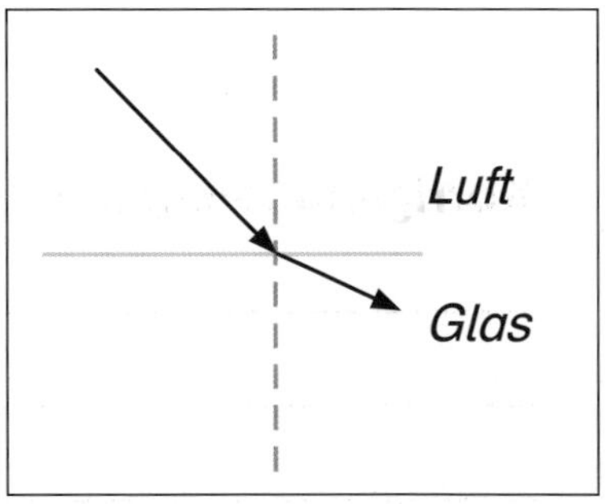

Anke Ganzer: Physik I – kompetenzorientierte Aufgaben
© Persen Verlag

5. a) Skizziere die Bildentstehung im Auge.

b) Warum sehen wir alles richtig herum?

____

____

c) Die Bildentstehung im Auge lässt sich mit der Bildentstehung in einem Fotoapparat vergleichen. Verbinde die passenden Teile.

Augenlinse	Film
Netzhaut	Linse
Iris und Pupille	Objektiv
Muskeln bei der Linse	Blende

6. Jonas behauptet, dass ein Lichtbündel, wenn es auf einen Glaskörper trifft, nicht immer gebrochen wird. Was meinst du, ist das möglich? Begründe.

____

____

7. Trage die kursiv gesetzten Begriffe in die Skizze ein.

a) Die *Brennweite* ist der Abstand zwischen *Brennpunkt* und *Linsenebene*.
b) Die *Gegenstandsweite* ist der Abstand des *Gegenstandes* von dem *Brennpunkt*.
c) Die *Bildweite* ist der Abstand des *Bildes* vom *Gegenstand*.
d) Die *Gegenstandsgröße* und die *Bildgröße* sind meist unterschiedlich.

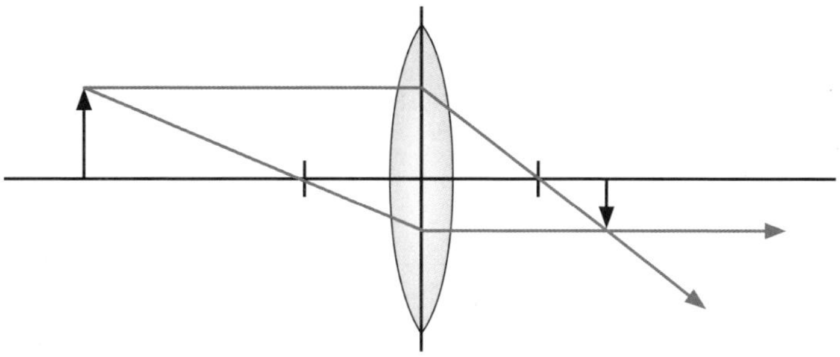

Korrigiere falsche Aussagen.

____

____

____

© Persen Verlag

Eigenschaften von Körpern

1. Kreuze an.

Aussage	trifft auf alle Körper zu	trifft nur auf wenige Körper zu
Ein Körper besteht aus mindestens einem Stoff.		
Ein Körper ist flüssig.		
Zwischen den Teilchen eines Körpers wirken Kräfte.		
Ein Körper leitet die Wärme.		
Ein Körper ist bunt.		
Ein Körper nimmt einen Raum ein.		
Liegt ein Körper auf einer Balkenwaage, so neigt sie sich zu einer Seite.		
Ein Körper zieht andere Körper aus Eisen an.		

2. a) Formuliere drei Aussagen über gemeinsame Eigenschaften aller Körper.

____

____

____

b) Formuliere drei Aussagen über unterschiedliche Eigenschaften aller Körper.

____

____

____

3. Ordne nach Körper und Stoff.

Körper
Stoff

Stuhl
Holz
Eisen
Wasserflasche
Wasser
Kohlendioxid
Telefon

Formuliere eine allgemeine Aussage zu den beiden physikalischen Begriffen.

Körper _______________

Stoff _______________

Anke Ganzer: Physik I – kompetenzorientierte Aufgaben
© Persen Verlag

Aufbau der Stoffe aus Teilchen

1. Oliver behauptet, dass die Vorstellung, „Alle Stoffe bestehen aus Teilchen", nicht korrekt ist. Was sagst du dazu? Begründe deine Aussage mithilfe der Definition.

Ein Modell ist ein vereinfachtes Abbild der Wirklichkeit. Die wesentlichen Eigenschaften werden in dem Modell hervorgehoben.

2. Wir unterscheiden bei Körpern die drei Aggregatzustände: fest, flüssig und gasförmig.

a) Nenne je zwei Beispiele für:

feste Körper | flüssige Körper | gasförmige Körper

b) Zeichne für jeden Aggregatzustand die Anordnung der Teilchen.

c) Was kannst du jeweils über die Bewegung der Teilchen aussagen?

d) Was kannst du jeweils über die Kräfte zwischen den Teilchen aussagen?

e) Was kannst du über die Form der Körper aussagen?

f) Was kannst du über das Volumen der Körper aussagen?

© Persen Verlag

Diffusion und Brownsche Bewegung

1. Entscheide, ob die Aussagen richtig oder falsch sind. Wenn du denkst, es handelt sich um eine falsche Aussage, dann schreibe dahinter, wie sie richtig heißt.

Aussage	richtig	falsch	Die Aussage müsste richtig heißen:
Das Mischen von Teilchen verschiedener Stoffe heißt Diffusion.			
Die unregelmäßige Bewegung sichtbarer Teilchen heißt Brownsche Bewegung.			
Diffusion und Brownsche Bewegung treten in allen Stoffen auf.			
Diffusion und Brownsche Bewegung bestimmen Form und Volumen der Stoffe.			
Diffusion und Brownsche Bewegung sind experimentelle Beweise für den Aufbau der Stoffe aus Teilchen.			
Diffusion und Brownsche Bewegung sind experimentelle Beweise für die ständige Bewegung der Teilchen und deren Kräfte zwischen ihnen.			

2. Ordne zu.

Brownsche Bewegung
Diffusion

Das Schaumbad verteilt sich ohne Rühren im ganzen Badewasser.
Die winzigen Fetttröpfchen der Milch wandern zickzackförmig durch die Milch.
Das Staubteilchen tanzt unregelmäßig durch das ganze Zimmer
Das Parfüm riecht man im ganzen Raum.

3. Tristana möchte die Diffusion ausnutzen. Ab sofort legt sie am Morgen in ihre Tasse Tee nur das Stück Würfelzucker hinein und rührt nicht um.

a) Was meinst du, wie süß wird ihr Tee schmecken?

____

____

b) Welches Experiment zur Diffusion würdest du ihr vorschlagen?

____

____

Anke Ganzer: Physik I – kompetenzorientierte Aufgaben
© Persen Verlag

Das Volumen von Körpern

1. Vervollständige den Lückentext.

Das Volumen eines Körpers gibt an, wie viel ________________ er einnimmt. Aus diesem Grund wird auch für das Volumen eines Körpers häufig das Wort ____________________ verwendet. Wir verwenden verschiedene Einheiten für das Volumen zum Beispiel ________________________. Das Volumen von Flüssigkeiten messen wir mit einem ________________________.

2. Verbinde!

Volumen einer Tasse
Volumen einer Salatschüssel
Volumen eines Wassereimers
Volumen eines Pools
Volumen einer Spritze

15 ml
80 hl
10 l
2,5 l
250 ml

3. Bestimme das Volumen eines Ziegelsteines.
Er ist 28 cm lang, 12 cm breit und 8 cm hoch.

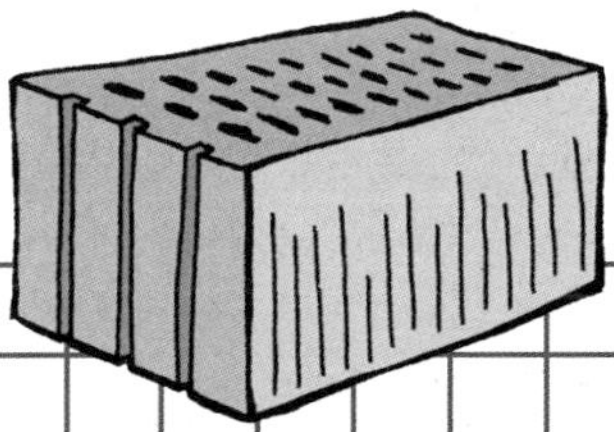

4. Wenn man den Ziegelstein genau in der Mitte durchsägt, wie verändert sich dann seine Dichte?

____

5. Welche Maße kann ein quaderförmiger Stein mit einem Volumen von 80 cm³ haben? Gib zwei Möglichkeiten an.

1. Möglichkeit: a = ____________ b = ____________ c = ____________

2. Möglichkeit: a = ____________ b = ____________ c = ____________

© Persen Verlag

6. Rechne in die angegeben Einheiten um.

a) 5,5 m^3	= ______________	dm^3	= ______________	cm^3
b) 45 000 mm^3	= ______________	cm^3	= ______________	dm^3
c) 4 hl	= ______________	l	= ______________	ml
d) 6,2 l	= ______________	dm^3	= ______________	cm^3
e) 640 cm^3	= ______________	dm^3	= ______________	l

7. Entscheide, ob folgende Aussagen wahr oder falsch sind? Begründe deine Entscheidung!

	☺	☹
a) Da Wasser beim Umfüllen von einem Glas in eine Tasse seine Form verändert, hat es auch ein unterschiedliches Volumen.	☐	☐
b) Wenn man die Luft mit der Luftpumpe in einen Fahrradreifen pumpt, ändert sich die Dichte der Luft.	☐	☐

c) *Begründung:* ____

____

____

8. Kreuze falsche Aussagen an und berichtige sie.

☐ a) 750 ml = $\frac{3}{4}$ l ☐ b) 750 ml = 0,75 dm^3 ☐ c) 750 ml = 7,5 l ☐ d) 750 ml = 750 cm^3

9. Skizziere und beschrifte einen Versuchsaufbau, mit dem man das Volumen eines unregelmäßig geformten Steines bestimmen kann.

Anke Ganzer: Physik I – kompetenzorientierte Aufgaben
© Persen Verlag

10. a) Wie viel Kubikzentimeter fehlen 2,65 dm^3 zu 3 dm^3?

b) Wie viel Milliliter fehlen 50 ml zu 1 Liter?

c) Wie viel Liter fehlen 3,85 m^3 zu 4 m^3?

11. Luisa und Nils haben im Garten große Kürbisse geerntet. Sie wollen mit dem größten Kürbis das Kürbisfest gewinnen. Mehrere Kürbisse sehen gleich groß aus. Kannst du ihnen helfen, den Kürbis mit dem größten Volumen herauszufinden? Beschreibe dein Verfahren.

12. Wie viel Milliliter ist ein Nanoliter?

© Persen Verlag

Die Masse eines Körpers

1. Vervollständige den Lückentext.

Die Masse eines Körpers gibt an, wie ____________________ er ist. Wir verwenden verschiedene Einheiten für die Masse, zum Beispiel ____________________ .

Die Masse der Körper bestimmen wir mit einer ____________________ .

Die Masse eines Körpers ist auf der Erde und auf dem Mond ____________________ .

2. Es sollen die Massen eines Briefes, eines Kindes und eines PKWs gemessen werden. Welche Waagen würdest du jeweils benutzen?

____

____

____

____

3. Angenommen ein Elefant von der Erde besucht den Mond. Was wäre für ihn gleich, was wäre unterschiedlich?

Gemeinsamkeiten	Unterschiede

4. Wie viel Gramm fehlen 3,75 kg bis zu 5 kg?

____

5. Verbinde!

Masse eines Apfels
Masse eines Fußballs
Masse eines Elefanten
Masse eines Schulranzens
Masse eines Autos

850 kg
8000 g
35 dt
0,4 kg
100 g

6. Wie viel Kilogramm ist ein Megagramm?

____

© Persen Verlag

Die Dichte von Körpern

1. Die drei abgebildeten Körper haben das gleiche Volumen. Nun soll festgestellt werden, welcher Körper aus dem Stoff mit der größten Dichte und welcher aus dem Stoff mit der kleinsten Dichte besteht.
Als Hilfsmittel steht eine Balkenwaage zur Verfügung. Wie würdest du vorgehen?

(1)

(2)

(3)

____

____

____

____

2. Vervollständige folgende Sätze mit den Wörtern *größere* oder *kleinere*.

Bei gleich großem Volumen hat der Körper mit der ____________ Masse die größere Dichte.

Bei gleicher Masse hat der Körper mit dem ____________ Volumen die größere Dichte.

3. Ordne die Zahlen den physikalischen Größen zu.

Ein Goldbarren ($\rho = 19{,}3 \frac{g}{cm^3}$) ist ungefähr 1,5 kg schwer und nimmt einen Raum von 80 cm^3 ein.

Masse = ____________ Volumen = ____________ Dichte = ____________

4. Stahl hat eine Dichte von 7,8 $\frac{g}{cm^3}$. Vervollständige folgende Tabelle.

Volumen in cm^3	Masse in g
2	
	78
5	
	390

5. Die Aussage Aluminium hat eine Dichte von 2,7 $\frac{g}{cm^3}$ heißt, dass ____________

© Persen Verlag

6. Ein 650 g schwerer Stein verdrängt im Wasser 250 ml. Welche Dichte hat dieser Stein?

7. Konnte Hans im Glück den für seine Arbeit erhaltenen Klumpen aus Gold tragen? In dem Märchen heißt es, dass er so groß war, wie sein Kopf, also ca. 4 dm³.

(Dichte Gold: $\rho = 19{,}3\ \frac{g}{cm^3}$)

8. Warum schichten sich hier die Milch, der Kaffee und der Milchschaum?

9. Ordne folgende Stoffe nach ihrer Dichte: Wasser, Silber, Luft, Benzin und Kupfer. Beginne mit dem Stoff der kleinsten Dichte.

________ < ________ < ________ < ________ < ________

Tipp:
Nutze ein
Tafelwerk

Anke Ganzer: Physik I – kompetenzorientierte Aufgaben
© Persen Verlag

Heureka – Ich habe es gefunden!

Überschwängliche Freude erfüllte Archimedes, als er aus dem Bade sprang, nackt nach Hause lief und freudig „Heureka, heureka!“ rief. Das bedeutet: „Ich habe es gefunden.“

Doch was hat er gefunden? Und warum löste es eine so unbeschreibliche Freude bei ihm aus?

Archimedes war ein sehr berühmter und bekannter Gelehrter. Selbst der König Hieron II von Syrakus (reg. 269–215 v. Chr.) wusste von ihm und seinen genialen Erfindungen. Als er eine neue Krone bekam, seinem Goldschmied jedoch nicht traute, beauftragte er Archimedes herauszufinden, ob die Krone aus reinem Gold besteht. Archimedes grübelte darüber sehr lange nach. Er konnte ja die Krone nicht aufschneiden oder einschmelzen. Die Frage ließ ihm Tag und Nacht keine Ruhe. Als er in das vollgefüllte Badebecken stieg, lief das Wasser über den Rand und genau in diesem Moment hatte er die Idee.

Er wusste, zwei Goldbarren gleicher Masse, aber unterschiedlicher Form müssten gleich viel Wasser überlaufen lassen. Er wusste auch, dass ein Goldbarren viel kleiner ist als ein gleichschwerer Silberbarren.

Wenn er folglich einen Goldklumpen mit der gleichen Masse wie die Krone in das Becken tauchte, müsste genauso viel Wasser überlaufen wie bei der Krone vom König. Aufgeregt sprang er aus dem Bade und rannte los: „Heureka, heureka!“ Da hatte er jedoch vergessen, sich etwas überzuziehen.

Zu Hause ließ er zuerst die Krone in das Wasserbecken und fing das übergelaufene Wasser auf. Anschließend wiederholte er den Versuch mit der gleichen Masse reinen Goldes. Nun verglich er die übergelaufenen Wassermengen und stellte fest, dass die Krone mehr Wasser verdrängt hatte. Er schlussfolgerte, dass die Krone mehr Raum einnimmt als das reine Gold. Der Goldschmied wird wahrscheinlich billigeres Silber in das Gold der Krone gemischt haben.

Archimedes berichtete dem König von seinen Erkenntnissen und dieser war ihm sehr dankbar.

1. **Beschreibe das von Archimedes gefundene Verfahren.**

2. **Welche Schlussfolgerungen auf die Dichte der Stoffe können daraus gezogen werden?**

3. **Sally bekommt von ihrer Oma einen silberfarbenen Löffel. Mit dem Überlaufverfahren hat sie das Volumen von ungefähr 9 cm^3 bestimmt. Welche Masse müsste der Löffel haben,**

   a) wenn er aus Silber wäre? (Dichte Silber: $10{,}5\ \frac{g}{cm^3}$)
   b) wenn er aus Aluminium wäre? (Dichte Aluminium: $2{,}7\ \frac{g}{cm^3}$)

© Persen Verlag

Lernzielkontrolle

1. Vervollständige den Lückentext.

Körper sind ______________________________ . Sie kommen in drei Aggregatzuständen vor: ____________________, ____________________ und ____________________ .
Eine bestimmte Form haben nur die ____________________ Körper. Zusammendrücken kann man nur die ______________, denn sie haben ein ____________________ Volumen.
Auf der Erde und auf dem Mond haben alle Körper die gleiche ____________________ .

2. Welche Eigenschaften haben die hier abgebildeten Körper gemeinsam?

____

____

Wodurch unterscheiden sie sich?

____

____

3. Vervollständige die Tabelle.

Aggregatzustand			
Beispiel			*Wasser*
Aufbau	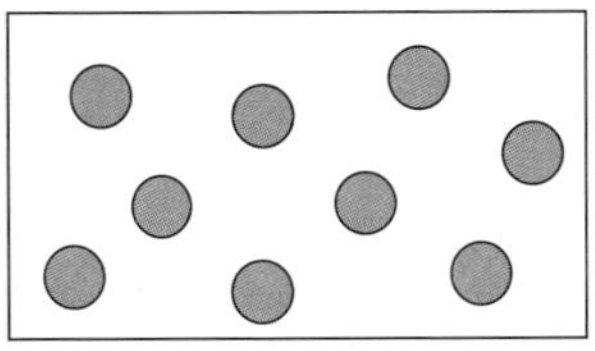		
Bewegung der Teilchen		*Sie schwingen um einen festen Platz.*	

4. Entscheide, welche der Aussagen wahr, welche falsch ist.

a) Presst man einen Körper auf die Hälfte seines Volumens zusammen, so verdoppelt sich die Dichte. ______________________________

b) Sägt man einen Körper in der Mitte durch, so halbiert sich seine Dichte.

____

Anke Ganzer: Physik I – kompetenzorientierte Aufgaben
© Persen Verlag

5. In einem Juweliergeschäft wird ein Goldwürfel von 2 cm Kantenlänge angeboten. Er wiegt 120 g. Ist der Würfel aus reinem Gold?

(Dichte Gold: $\rho = 19{,}3\ \frac{g}{cm^3}$)

a) Berechne zuerst das Volumen des Würfels.

b) Bestimme nun die Masse, die der Würfel haben müsste und vergleiche.

6. Vergleiche Holz und Stahl. Kreuze an.
Bei gleicher Masse ...

☐ haben Holz und Stahl das gleiche Volumen.

☐ hat Holz das größere Volumen.

☐ hat Holz das kleinere Volumen.

Begründe deine Entscheidung: ____________________

____

____

7. Eine Kugel beim Kugelstoßen der Frauen hat ungefähr ein Volumen von ca. 500 cm^3. Sie besteht aus Eisen mit einer Dichte von 7,8 $\frac{g}{cm^3}$. Wie groß ist ihre Masse?

a) 3 900 000 mg   b) 39 000 g   c) 3,9 kg   d) 0,00039 t

© Persen Verlag

Die Bewegung eines Körpers

1. Vervollständige den Lückentext.

Alle Körper bewegen sich relativ gegenüber einem ________________ .

Die Inlinefahrerin bewegt sich relativ gegenüber ____________________ .

Sie befindet sich in Ruhe gegenüber ______________________________ .

2. Marco sitzt in einem Zug und schaut auf einen zweiten Zug auf dem Nachbargleis. Kann Marco mit Sicherheit sagen, dass sein Zug fährt? Begründe.

____

____

____

3. Ordne den Bildern eine Bewegungsform zu.

____

____

____

4. Schreibe die drei Bewegungsarten in die Kästchen links und verbinde jeweils mit einem passenden Beispiel rechts.

Raketenstart
Rolltreppe
Flugzeuglandung
Förderband auf dem Flughafen
Anfahren einer Lok
Anhalten einer Lok

Anke Ganzer: Physik I – kompetenzorientierte Aufgaben
© Persen Verlag

Die gleichförmige Bewegung

1. Vervollständige!

Unter einer gleichförmigen Bewegung verstehen wir die Bewegung bei konstanter ______________________, zum Beispiel ____________________________. Bewegt sich ein Körper gleichförmig, so legt er in der doppelten Zeit auch ______________________ Weg zurück. Für die Hälfte des Weges benötigt er die ____________________ Zeit.

2. Entscheide, ob folgende Aussagen wahr oder falsch sind. Begründe deine Entscheidung.

a) Ein Auto bewegt sich gleichförmig, wenn es immer die gleiche Strecke zurücklegt.
b) Ein Auto bewegt sich gleichförmig, wenn es für den 5-fachen Weg die 5-fache Zeit benötigt.

Zu a) ____

____

Zu b) ____

____

3. Kreuze die richtige Antwort an.

a) Wenn man bei gleicher Geschwindigkeit doppelt so lange fährt, dann ist der Weg

☐ doppelt so lang.

☐ halb so lang.

☐ gleich lang.

b) Wenn man den doppelten Weg in gleicher Zeit zurücklegt, dann ist die Geschwindigkeit

☐ doppelt so groß.

☐ halb so groß.

☐ gleich groß.

4. Rebecca fährt Fahrrad mit einer Geschwindigkeit von 7 $\frac{m}{s}$. Vervollständige.

Weg in m	Zeit in s
35	
	10
210	
	100

© Persen Verlag

Arbeit mit Diagrammen

1. Marvin und Marco fahren mit einer Rolltreppe, die sich mit einer Geschwindigkeit von $0{,}5\ \frac{m}{s}$ bewegt.

a) Vervollständige folgende Wertetabelle.

Zeit in s	0	1	2		10
Weg in m				2	

b) Zeichne das Weg-Zeit-Diagramm. Beschrifte die Achsen.

Weg-Zeit-Diagramm

c) Marvin zählt 20 Sekunden, die er mit der Rolltreppe fährt.
Wie lang ist die Rolltreppe seiner Meinung nach?

___

b) Marco hat mit einem Maßband eine Länge von 15 Metern gemessen.
Wie lang fahren die beiden nach diesem Messwert?

___

c) Warum erhalten beide unterschiedliche Ergebnisse?

___

d) Dave behauptet, dass die Rolltreppe in Berlin viel schneller ist, da sie die 25 Meter in 20 Sekunden zurücklegt. Stimmt das?

___

___

Anke Ganzer: Physik I – kompetenzorientierte Aufgaben
© Persen Verlag

2. Von einem Wettkampf eines Sportlers hat Sarah folgendes Diagramm angelegt.

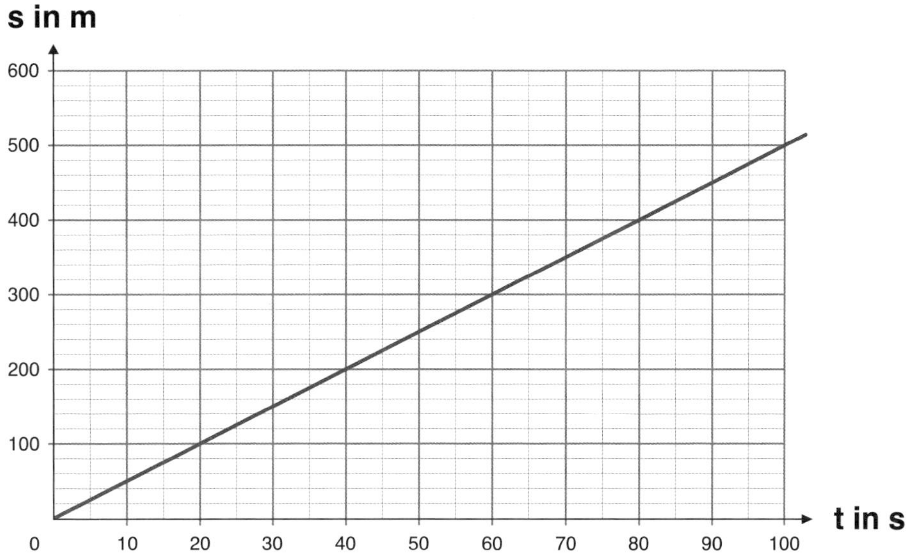

a) Wie heißt das Diagramm?

____

b) In ihrer Messwerttabelle sind einige Werte verloren gegangen. Vervollständige.

Zeit in s	0	20	30	40			
Weg in m					300	350	400

c) Berechne den zurückgelegten Weg nach jeweils 30 Sekunden.

____

____

d) Wie lange benötigt der Sportler für eine Strecke von einem Kilometer?

____

Wie weit läuft der Sportler in 5 Minuten?

____

e) Sarah hat das Experiment ausgewertet und folgende Schlussfolgerungen gezogen. Kreuze wahre Aussagen an.

- ☐ In der doppelten Zeit ist der Sportler doppelt so weit gelaufen.
- ☐ In der doppelten Zeit ist der Sportler genauso weit gelaufen.
- ☐ Der Sportler läuft immer gleich schnell.
- ☐ Der Sportler bewegt sich gleichförmig.

f) Berechne die Geschwindigkeit des Sportlers in $\frac{m}{s}$ und in $\frac{km}{h}$.

© Persen Verlag

Lernzielkontrolle

1. Vervollständige den Lückentext.

Der Leopard bewegt sich gegenüber ________________-________________. Wir unterscheiden 3 Bewegungsarten: die ________________________________, die ________________________________ und die ________________________________ Bewegung. Der Start einer Rakete ist eine ________________________________.

2. Britta fährt mit ihrem PKW auf der Landstraße mit einer konstanten Geschwindigkeit von 80 $\frac{km}{h}$ zu ihrer Arbeit.

a) Wie viel Kilometer hat sie nach 2 Stunden zurückgelegt?

____

b) Wie lange würde sie fahren, wenn sie nach 40 Kilometern eine Pause einlegen wollte?

____

c) An einem Morgen hat sie verschlafen und nur noch die Hälfte der Zeit für die Fahrstrecke zur Verfügung. Kann sie noch pünktlich zur Arbeit kommen? Begründe.

____

____

3. Tobias hat im Internet von einem Modellauto folgendes Diagramm entdeckt.

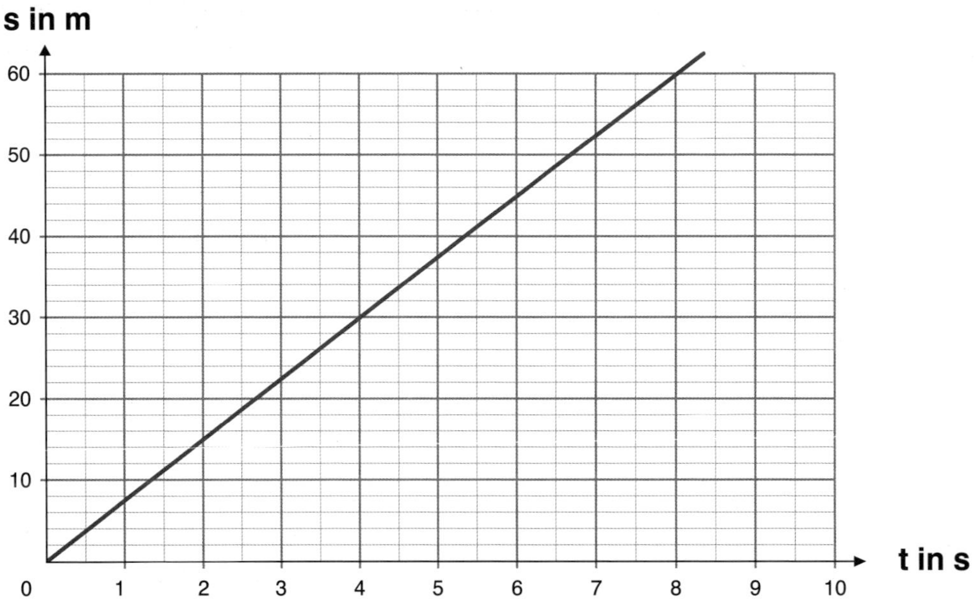

a) Wie heißt das Diagramm?

____

Anke Ganzer: Physik I – kompetenzorientierte Aufgaben
© Persen Verlag

b) Vervollständige die Messwerttabelle für dieses Auto.

t in s	0	4		
s in m			60	45

c) Wie weit würde das Auto in einer Minute fahren?

____

d) Wie lange bräuchte das Auto für eine Strecke von 300 Metern?

____

e) Berechne die Geschwindigkeit des Autos in $\frac{m}{s}$ und $\frac{km}{h}$.

f) Nun möchte er von seinem funkgesteuerten Modellauto die Geschwindigkeit bestimmen. Wie kann er vorgehen?

____

____

____

g) Tobias stellt fest, dass sein funkgesteuertes Modellauto etwas schneller fährt. Wie wird der Graph im Diagramm ungefähr verlaufen? Zeichne ihn in einer anderen Farbe ein.

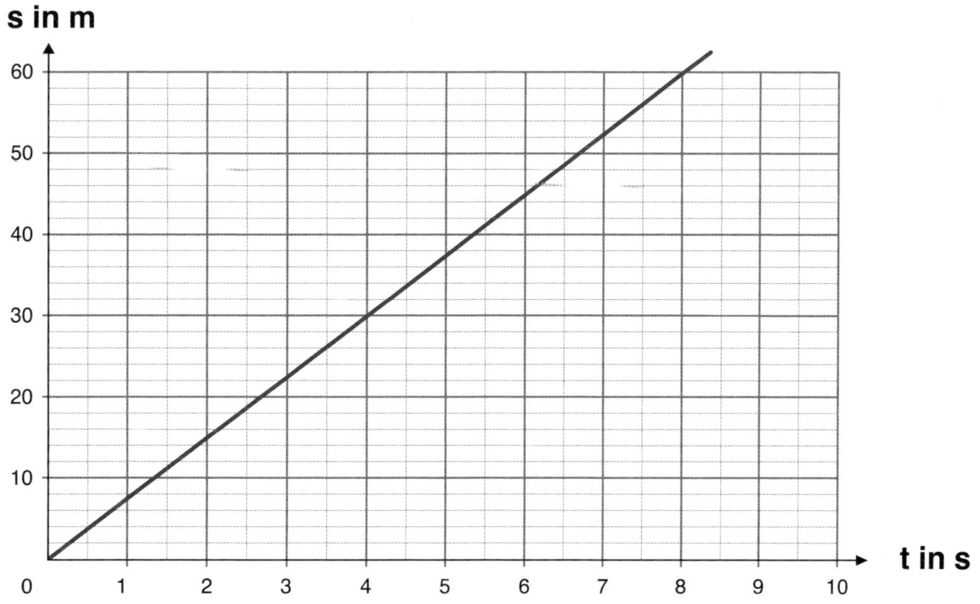

© Persen Verlag

Adhäsion und Kohäsion

1. Vervollständige den Lückentext.

Kohäsionskräfte, sind die Kräfte zwischen den Teilchen ______________________

______________________. Adhäsionskräfte, sind die Kräfte zwischen den Teilchen

______________ ______________________ .

2. In dem Bild wirken Adhäsions- und Kohäsionskräfte.

Adhäsionskräfte wirken zwischen:

____

Kohäsionskräfte wirken zwischen:

____

3. Warum bleibt die Kreide beim Schreiben an der Tafel haften, aber ein Stückchen Kreide nicht?

____

____

4. Warum können wir ein Stück Papier durchreißen, aber ein Stück Holz nicht?

____

____

5. Entscheide: Kohäsion oder Adhäsion?

a) Seil einer Schaukel: ______________________

b) Das aufgeklebte Bild:______________________

c) Ein Schmutzfleck an der Hose:______________________

d) Eine Fliege läuft die Wand hoch: ______________________

6. In Messzylindern mit Wasser steht das Wasser häufig höher als in der Mitte. Woran liegt das?

____

____

Worauf müssen wir beim Ablesen des Volumens achten?

____

____

Anke Ganzer: Physik I – kompetenzorientierte Aufgaben
© Persen Verlag

Kapillarität

1. In dem Bild wird Wasser durch die Kapillarität transportiert. Kennzeichne die Stellen farbig. Welche Bedeutung hat die Kapillarität für das Wachstum der Pflanzen?

____

____

____

2. Im Alltag tritt in unterschiedlichen Situationen Kapillarität auf. Entscheide, ob die Kapillarität erwünscht oder unerwünscht ist und welche Maßnahmen vorgenommen werden.

Beispiel	erwünscht	unerwünscht	Maßnahmen
Landwirtschaft			
Schreibpapier			
Wohnhäuser			
Schnittblumen			
Holzpfosten			

3. Nathalie und Dilara haben nasse Schuhe und stellen die Schuhe neben die Heizung. Nathalie stopfte zuvor in ihre Schuhe Zeitungspapier. Dilara meint: „So kommt doch in die nassen Schuhe keine warme Luft. Die Schuhe werden nun nicht trocken." Was meinst du?

____

____

____

4. Finde heraus, welches Papier sich am besten zum Aufsaugen verschütteter Flüssigkeiten eignet.

Papiertaschentuch, Schreibpapier, Löschpapier, Küchenpapier oder Toilettenpapier.
Skizziere deinen Versuchsaufbau:

Vermutung: ______________________________

____

____

Versuchsergebnis: ______________________________

____

____

© Persen Verlag

Schallquellen und Schallausbreitung

1. Vervollständige den Lückentext.

Schall ist alles, was man ____________________ kann. Schall wird erzeugt von Körpern, die ____________________. Körper, die Schall erzeugen, heißen ____________________, zum Beispiel ____________________ oder ____________________.

2. Entscheide, ob die Aussagen richtig oder falsch sind. Ist die Aussage falsch, dann schreibe dahinter, wie sie richtig heißen müsste.

Aussage	richtig	falsch	Die Aussage müsste richtig heißen:
Damit sich der Schall ausbreiten kann, sind Teilchen notwendig.			
Schall breitet sich überall gleich schnell aus.			
Trifft Schall auf eine Wand, so ändert er seine Richtung.			
Der Schall breitet sich immer geradlinig aus.			
Schall ist schneller als Licht.			

3. Franziska beobachtet ein Gewitter. Sie sieht die beeindruckenden Blitze und etwas später hört sie den Donner. Von dem Blitz bis zum Donner sind es 12 Sekunden.

a) Wie weit ist das Gewitter entfernt? Berechne.

b) Etwas später ruft ihre Freundin Julie aus dem 15 Kilometer entfernten Nachbarort an und sagt: „Gruselig! Jetzt ist das Gewitter direkt über uns.“ Wie viele Sekunden nach dem Blitz hört Franziska jetzt den Donner?

Anke Ganzer: Physik I – kompetenzorientierte Aufgaben
© Persen Verlag

c) Gib eine Faustregel an, mit der man die Entfernung eines Gewitters berechnen kann.

____

____

4. Zwei Bergleute hören im Stollen unter Tage eine Explosion. Sie rufen einen Kollegen an der Erdoberfläche an und fragen, was passiert ist. Als dieser gerade nachfragen will, was sie denn meinen, hört er dieselbe Explosion bei sich oben. Wie kommt das?

____

____

____

____

____

____

____

5. Tom und Til stehen vor einer Wand und testen ihr Echo. Tils Echo ist nach drei Sekunden zu hören.

a) Fertige eine Skizze im Heft an und zeichne den Schallweg ein.

b) Wie weit sind beide von der Wand entfernt? Berechne.

c) Toms Echo ist 4 Sekunden nach Tils Echo zu hören. Wie viele Sekunden später hat Tom gerufen?

☐ 2 Sekunden

☐ 4 Sekunden

☐ 8 Sekunden

© Persen Verlag

6. **Indianer legen ein Ohr auf die Gleise, um das Nahen eines Zuges zu hören. Warum funktioniert das?**

7. **Auf einer Internetseite kann man über die St. Paul´s Cathedral lesen:**

„Bei der Besichtigung sollten Sie nicht vergessen, die Whispering Gallery zu besuchen. An der Kuppelbasis befindet sich ein runder Balkon. Wer hier gegen eine Wand flüstert, kann auf der anderen Seite der Kuppel gehört werden. Da dies zumeist mehrere Besucher gleichzeitig versuchen, flüstern Sie am besten ganz besonders nette Dinge."

(www.london.sehenswürdigkeiten-online.de)

Wie ist das möglich?

Anke Ganzer: Physik I – kompetenzorientierte Aufgaben
© Persen Verlag

Call me

Schon früher träumten die Menschen davon, sich mit ihren Freunden auch über größere Entfernung zu unterhalten. Zu diesem Zwecke waren die Menschen sehr erfinderisch und dachten sich verschiedene Möglichkeiten aus: Lichtsignale wurden genutzt, Rauchzeichen gegeben oder Zeigertelegrafen gebaut. Natürlich war mit all diesen Dingen keine richtige Unterhaltung möglich.

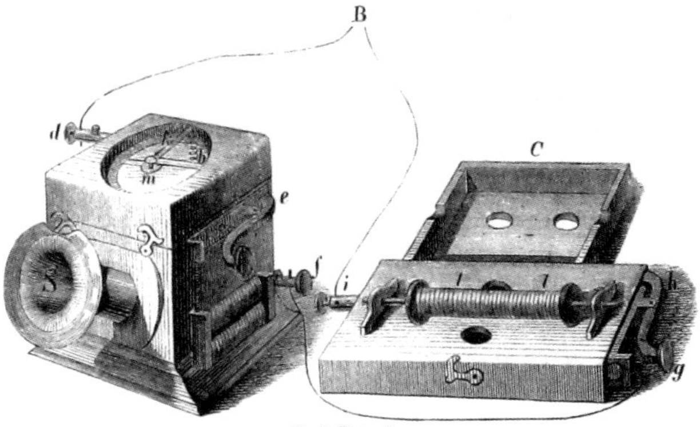

Das Telephon.

Der Italiener Antonio Meucci (1808–1896) suchte sehr intensiv nach einer Lösung, denn seine kranke Frau konnte das Zimmer nicht verlassen und er wollte ab und zu mit ihr sprechen. So entwickelte er 1854 ein Fernsprechgerät, welches von Zimmer zu Zimmer funktionierte. Leider erlosch sein Patent, da er die nötigen Kosten für den Antrag nicht aufbringen konnte.

Philipp Reis (1834–1874) aus Deutschland entwickelte diese Ideen weiter und überlegte sich den heutigen Namen für dieses Gerät. Er verwendete die griechischen Wörter „tele" (fern) und „phone" (Stimme) und nannte schließlich sein Gerät: „Telephon". Reis koppelte die Membranschwingungen mit elektrischen Strömen. Als Sender bespannte Philipp Reis einen Schalltrichter mit einer Membran aus Naturdarm und befestigte einen kleinen Platinstreifen daran. Die Schallwellen versetzten die Membran in Schwingungen und unterbrachen einen Stromkreis. Als Empfänger nutzte er eine Kupferspule, in deren Mitte sich eine Stricknadel befand. Durch die Kupferspule flossen die Stromimpulse und setzten die Nadel in Bewegung. Die Bewegung der Nadel wurde wieder in Schallwellen zurückverwandelt und durch ein Holzkästchen verstärkt. Philipp Reis stellte das „Telephon" vor und verkaufte es weltweit.

Alexander Graham Bell baute auf den Erfindungen von Philipp Reis und den Forschungen von Michael Faraday auf. Er entwickelte ein Telefon, dass die Schallschwingungen in elektrisch schwankenden Strom umwandelte. Alexander Graham Bell reichte 1876 dafür ein Patent ein.

Zur gleichen Zeit untersuchte der amerikanische Forscher Elisha Gray die elektrische Übertragung der Töne. Auch er reichte 1876 dafür ein Patent ein – jedoch zwei Stunden nach Bell. Alle Patentstreitigkeiten konnte Bell für sich entscheiden. Somit galt er als der Erfinder des Telefons. Seine von ihm gegründete „Bell Telephone Company" und später umbenannt „American Telephone and Telegraph Company" ist der bis heute weltgrößte Telefonkonzern.

Für uns ist es heute selbstverständlich zu sagen: „Ich rufe dich noch mal an" oder „Lass uns noch mal telefonieren." Zu jeder Zeit und an jedem Ort können wir miteinander telefonieren. Für uns ist eine Welt ohne Telefon unvorstellbar.

© Persen Verlag

1. **Welche Wissenschaftler standen im Wettstreit um die Erfindung des Telefons? Wer gewann und warum?**

2. **Folgender Lückentext beschreibt die Funktionsweise des Telefons von Philipp Reis. Vervollständige ihn und nutze die Informationen aus dem Text.**

   Die Membran auf dem ______________ beginnt durch den auftreffenden Schall zu schwingen und überträgt die Bewegung auf den ______________. Dieser ______________ einen Stromkreis. In dem befindet sich beim Empfänger eine ________________, die bei Unterbrechung des Stromflusses eine kleine Nadel hin und her bewegt. So klopft die ______________ wieder gegen eine Membran, diese versetzt die Luft in Schwingung und ein ________________ verstärkt die Schwingungen. Der Schall ist beim Empfänger zu hören.

3. **Nur die Erfindung des Telefons reichte nicht. Welche technischen Voraussetzungen mussten geschaffen werden, um die weltweite Verständigung mit dem Telefon für alle Menschen nutzbar zu machen? Notiere im Heft.**

4. **Probiere die Schallübertragung aus und baue ein Büchsentelefon.**

5. **Schätze mal.**
   Der Bundesverband Informationswirtschaft, Telekommunikation und neue Medien (Bitkom) veröffentlichte mit Verweis auf aktuelle Daten der Bundesnetzagentur, dass im Jahre 2008 knapp 80 Prozent der Bevölkerung in Deutschland ein Handy nutzen und pro Tag ca. 80 Millionen SMS schreiben.

   a) Wie viele Seiten Papier wären das ausgedruckt, wenn pro SMS 20 Zeichen geschickt werden würden und auf einer Din-A4-Seite ca. 2500 Zeichen passen würden?

   ____

   ____

   b) Wie hoch wäre der Stapel, wenn man die Seiten aufeinanderlegen würde?

   ____

   ____

Anke Ganzer: Physik I – kompetenzorientierte Aufgaben
© Persen Verlag

Die Temperatur

1. Vervollständige den Lückentext.

Die Temperatur eines Körpers gibt an, wie ______________ oder wie ____________ er ist.
Das Formelzeichen ist der griechische Buchstabe ________. Wir messen die Temperatur mit einem ______________________________. Es gibt verschiedene Temperatureinheiten z. B. ___________________ und _____________________.

2. Martin wäscht sich nach dem Spielen im Schnee die Hände mit kaltem Wasser. Seine Freundin Antonia kommt aus dem Wohnzimmer hinzu und sagt: „Puh! Ist das Wasser kalt." Martin antwortet: „Kalt? Nein, das Wasser ist nicht kalt."

a) Wie kommt das?
b) Welche ähnliche Situation hast du schon erlebt?

____

____

____

____

____

____

____

3. Verbinde.

Körpertemperatur des Menschen	−74,1 °C
Oberfläche der Sonne	1600 °C
Absoluter Nullpunkt	−273,15 °C
Gasflamme	5700 °C
Temperatur am Nordpol	37 °C

4. Caroline hat zu Hause verschiedene Temperaturen gemessen.

23 °C, 100 °C, 5 °C, −17 °C, 37 °C

a) Ordne die Temperaturen der Größe nach.
b) An welchem Ort oder bei welchem Versuch könnte sie die Temperaturen gemessen haben?

__________ < __________ < __________ < __________ < __________

__________ __________ __________ __________ __________

__________ __________ __________ __________ __________

© Persen Verlag

Temperaturskalen

Nach den bedeutendsten Temperaturforschern ***Daniel Gabriel Fahrenheit***, ***Anders Celsius*** und ***Lord Kelvin*** werden drei Temperaturskalen unterschieden.

1. In den USA wird die Temperatur in Grad Fahrenheit gemessen (°F). So sind 0 °C gleich 32 °F, die Körpertemperatur des Menschen sind 100 °F und 100 °C sind 212 °F.

Rechne mit folgenden Formeln um.

von Fahrenheit nach Celsius: $°C = (°F - 32) \cdot \frac{5}{9}$

von Celsius nach Fahrenheit: $°F = °C \cdot 1{,}8 + 32$

Temperatur in °F	77	95			
Temperatur in °C			10	20	80

2. Eine weitere verwendete Einheit der Temperatur ist Kelvin. Hier sind –273 °C gleich 0 K, 0 °C gleich 273 K und 100 °C gleich 373 K.

Rechne mit folgenden Formeln um.

von Kelvin nach Celsius: $°C = K - 273$

von Celsius nach Kelvin: $K = °C + 273$

Temperatur in K	100	310			
Temperatur in °C			20	600	–20

3. Ergänze die Angaben der Temperaturskalen. *(Darstellung nicht maßstabsgerecht)*

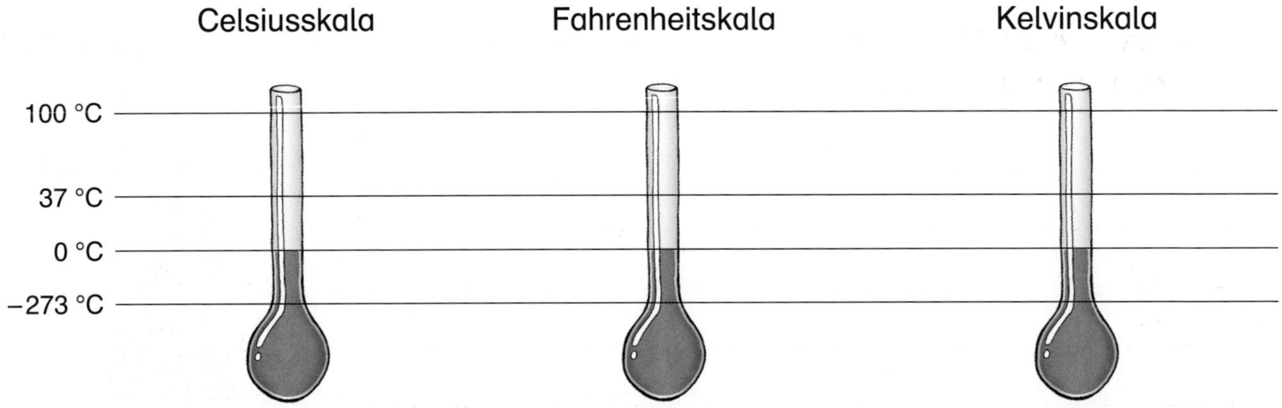

Anke Ganzer: Physik I – kompetenzorientierte Aufgaben
© Persen Verlag

Die Temperaturmessung

1. Gib die Namen der verschiedenen Thermometer an. Überlege dir Kriterien nach denen du diese Thermometer vergleichen kannst. Vergleiche dann in einer Tabelle.

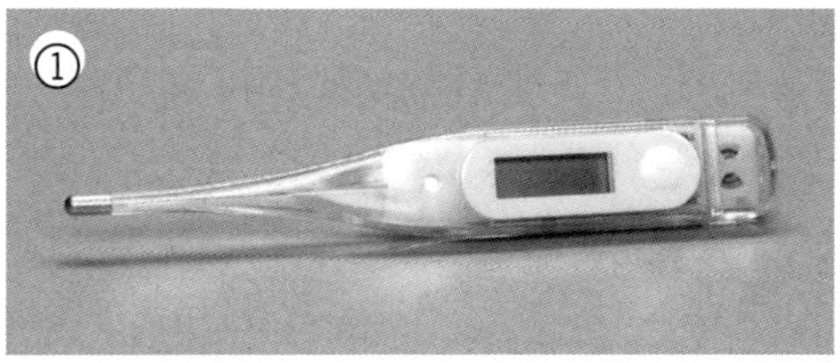

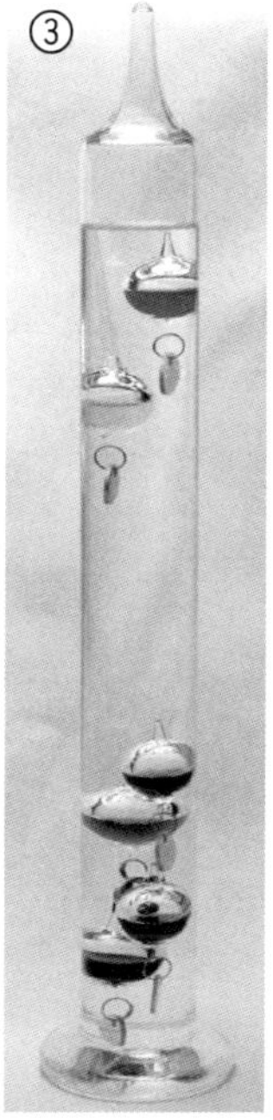

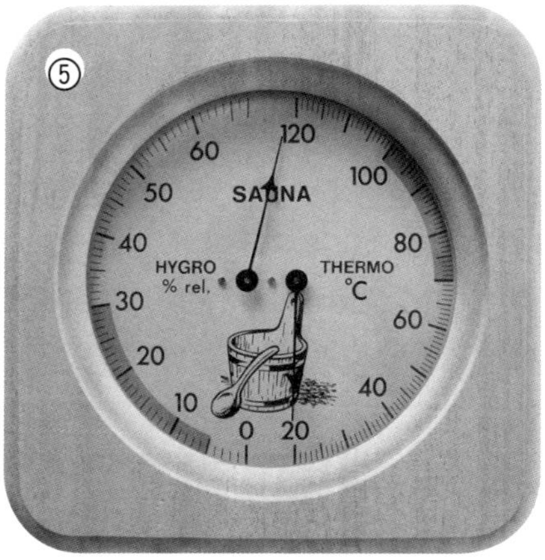

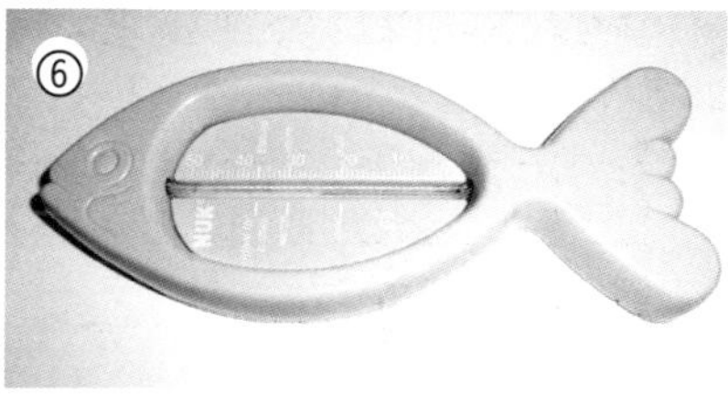

	Name		Genauigkeit	
①				
②				
③				
④				
⑤				
⑥				

2. Nils hat sich ein Thermometer gebaut. Beurteile dieses Thermometer nach deinen gefunden Kriterien.

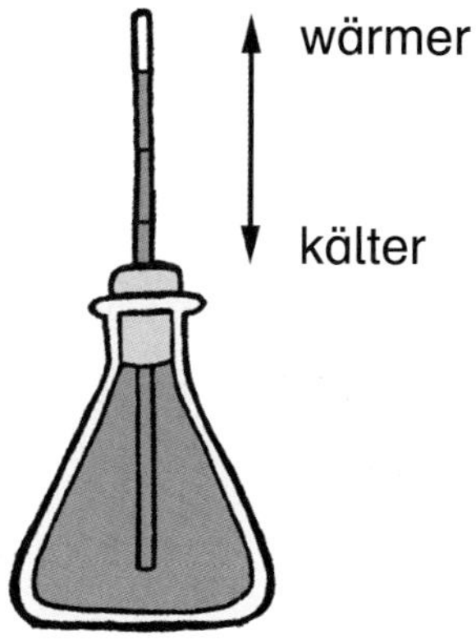

____

____

____

____

____

© Persen Verlag

Die Geschichte der Temperaturmessung

Schon früh erkannten die Menschen, dass ihr Temperaturempfinden sehr unzuverlässig ist. Sie konnten keine korrekten Temperaturangaben machen. Deshalb wurde nach zuverlässigen Methoden der Temperaturmessung gesucht.
Galileo Galilei (1564–1642) baute als erstes ein Temperaturmessgerät: das Thermoskop. Er nutzte hier die Ausdehnung der Gase bei Erwärmung. Jedoch reagierte dieses Messgerät auch auf Luftdruckschwankungen, sodass es nicht die exakte Temperatur angab.
Um 1720 entwickelte der Danziger Glasbläser Daniel Gabriel Fahrenheit (1686–1736) ein mit Quecksilber gefülltes Flüssigkeitsthermometer. Er wählte als Nullpunkt die tiefste Temperatur des Winters im Jahre 1709 in Danzig. Als zweiten Fixpunkt legte er seine Körpertemperatur fest und gab ihr den Wert 100 °F. Diese Thermometer stimmten mit ihren Anzeigen überein, sodass sie einen großen Fortschritt darstellten. Thermometer mit dieser Skala werden heute immer noch in den USA verwendet.

Die heute in Europa meist genutzte Temperaturskala ist die Celsiusskala. Sie wurde um 1740 von dem schwedischen Naturwissenschaftler Anders Celsius (1701–1744) entwickelt.
Als Fixpunkte benutzte Celsius die Temperatur des schmelzenden Eises sowie die Temperatur des siedenden Wassers bei normalem Luftdruck. Den Abstand zwischen den beiden Punkten teilte er in 100 gleiche Teile ein. Jeder Teilstrich entspricht somit einem Temperaturunterschied von 1 °C. Alle Temperaturen über 0 °C kennzeichnete er mit einem Plus „+“, darunter mit einem Minus „–“.

1. **Welche Eigenschaft von Flüssigkeiten nutzten Fahrenheit und Celsius beim Bau ihrer Thermometer?**

2. **Warum verwendet man in Thermometern als Flüssigkeit kein Wasser?**

3. **Wie kannst du dir selbst ein Thermometer bauen? Skizziere.**

4. **Für welche Temperaturmessungen könntest du dein gebautes Thermometer nutzen?**

Anke Ganzer: Physik I – kompetenzorientierte Aufgaben
© Persen Verlag

Arbeit mit Diagrammen

1. Sarah erwärmt Wasser und hat folgende Messwerte in einer Tabelle zusammengestellt.

ϑ in °C	10	15	20	25	30	35
t in s	0	60	120	180	240	300

a) Beschrifte die Achsen in dem ϑ(t)-Diagramm, trage die Messwerte ein und verbinde sie.

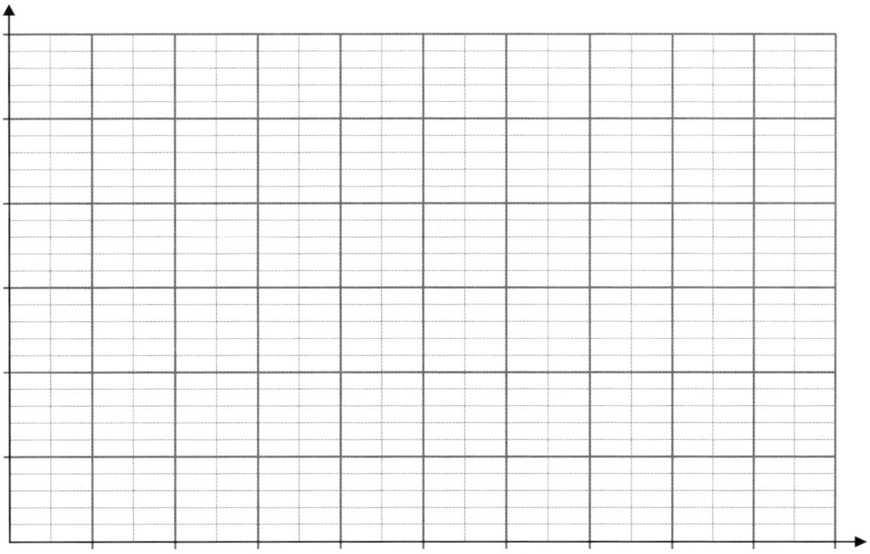

b) Werte das Experiment aus und vervollständige dazu folgende Sätze.

Die Temperaturänderung von 10 °C auf 20 °C dauert doppelt so lange wie die Temperaturänderung von ________________ oder ____________________ .

Die Temperaturänderung von 10 °C auf 20 °C dauert halb so lange wie die Temperaturänderung von ________________ oder ____________________ .

c) Sarah wiederholt den Versuch mit der doppelten Masse Wasser.
Was wird voraussichtlich geschehen? Kreuze an.

- ☐ In der gleichen Zeit wird das Wasser nur halb so warm.
- ☐ In der gleichen Zeit wird das Wasser doppelt so warm.
- ☐ Bei Erwärmung des Wassers auf die gleiche Temperatur dauert der Versuch doppelt so lang.
- ☐ Bei Erwärmung des Wassers auf die gleiche Temperatur dauert der Versuch halb so lang.

d) Wie wird der Graph im Diagramm (oben) ungefähr verlaufen?
Zeichne ihn in einer anderen Farbe ein.

© Persen Verlag

2. Eduard hat Wasser erwärmt und seine Messwerte in folgendem Diagramm dargestellt.

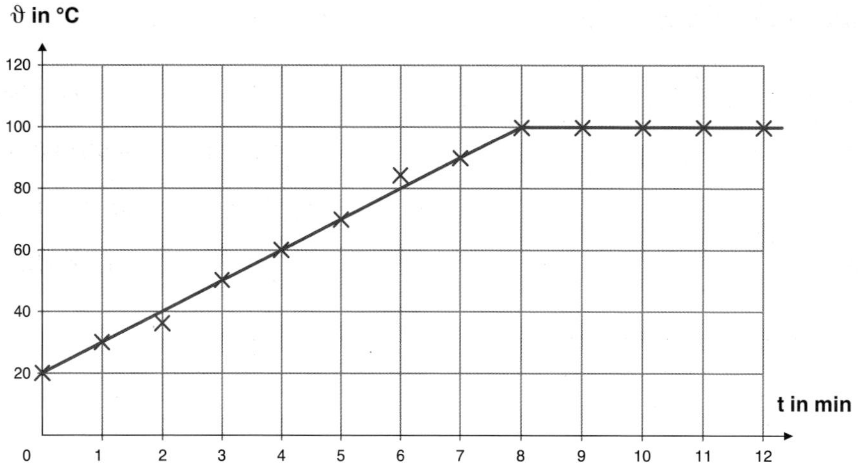

a) Vervollständige die Messwerttabelle.

t in min	0	1	3	8			
ϑ in °C					60	70	100

b) Was vermutest du, weshalb nicht alle Punkte auf der Geraden liegen?

____

____

____

____

c) Wie erklärst du die Messwerte der Temperatur ab der 8. Minute?

____

____

____

d) Eduard hat das Experiment ausgewertet und folgende Schlussfolgerungen gezogen. Beurteile seine Schlussfolgerungen.

- Wasser wird gleichmäßig warm.
- In der doppelten Zeit wird Wasser immer auch doppelt so warm.
- Wasser kann nicht wärmer als 100 °C werden.

e) Eduard überlegt, wie das Experiment mit der Hälfte des Wassers in der gleichen Zeit verlaufen würde. Was vermutest du?

☐ Die Hälfte des Wassers würde doppelt so warm werden.

☐ Die Hälfte des Wasser würde halb so warm werden.

☐ Die Hälfte des Wassers würde gleich warm werden.

© Persen Verlag

Lernzielkontrolle

1. Vervollständige den Lückentext.

Die Temperatur gibt an, wie ______________________________ ein Körper ist. Unser Temperaturempfinden ist ____________________ . Deshalb messen wir die Temperatur mit einem __________________ . Anders Celsius legte auf seiner Skala zwei Fixpunkte fest: 1. Fixpunkt ist ___________________________________ und der 2. Fixpunkt ist ____________________________ .

2. Berechne!

a) In der Nacht sank die Temperatur von 5 °C um 8 Grad auf _____________ .

b) Die Höchsttemperatur im Sommer an der Ostsee betrug 34 °C. Die Tiefsttemperatur im Winter im Harz betrug –18 °C. Das ist eine Temperaturdifferenz von ___________ .

3. Marco erwärmt 750 ml Wasser und stellt fest, dass die Temperatur gleichmäßig ansteigt.

a) Vervollständige die Messwerttabelle.

t in min	0	1	2	3		
ϑ in °C	14	20			38	50

b) Stelle die Erwärmung des Wassers in einem ϑ(t)-Diagramm dar. Beschrifte die Achsen.

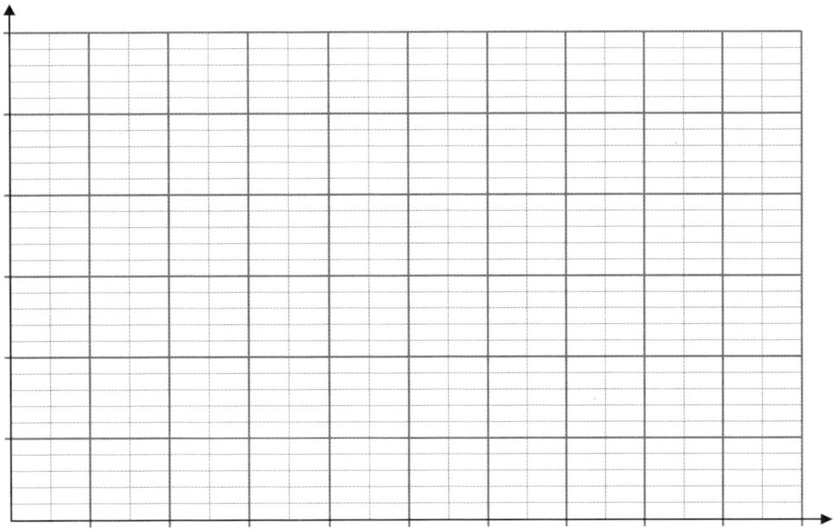

c) Marco wiederholt den Versuch mit der doppelten Masse Wasser. Werden sich die Messwerte ändern? Begründe.

____

____

Ausdehnung von Körpern bei Temperaturänderung

1. Im Alltag treten häufig Längenänderungen fester Körper bei Temperaturänderungen auf. Entscheide, ob die Längenänderung erwünscht oder unerwünscht ist. Mit welchen Maßnahmen können Schäden vermieden werden?

Beispiel	erwünscht	unerwünscht	Maßnahmen
lange Rohrleitung			
Eisenbahnschienen			
Bimetallthermometer			
Freileitungen			
Fensterscheiben			

2. Welche Schlussfolgerungen lassen sich aus folgendem Experiment ziehen?

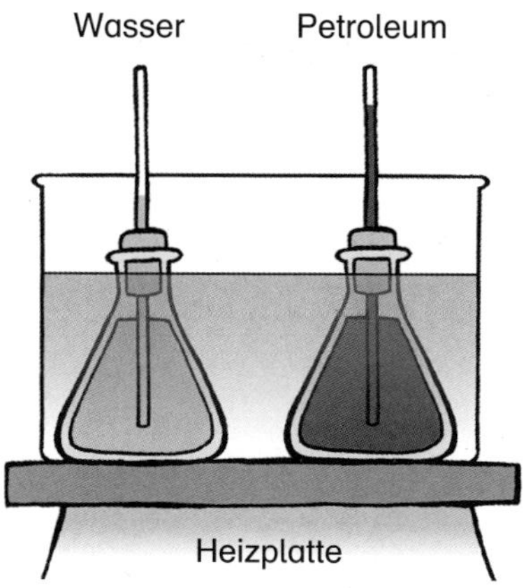

a) ☐ Petroleum dehnt sich mehr aus als Wasser.

b) ☐ Petroleum dehnt sich am meisten aus.

c) ☐ Wasser dehnt sich nicht aus.

d) ☐ Wasser dehnt sich weniger als Petroleum aus.

e ☐ Flüssigkeiten dehnen sich unterschiedlich stark aus.

3. Nathalie stülpte einen Luftballon über eine Flasche und stellt diese Flasche auf die Heizung. Nach einigen Minuten ist Folgendes zu sehen. Entscheide, welche Schlussfolgerung richtig ist.

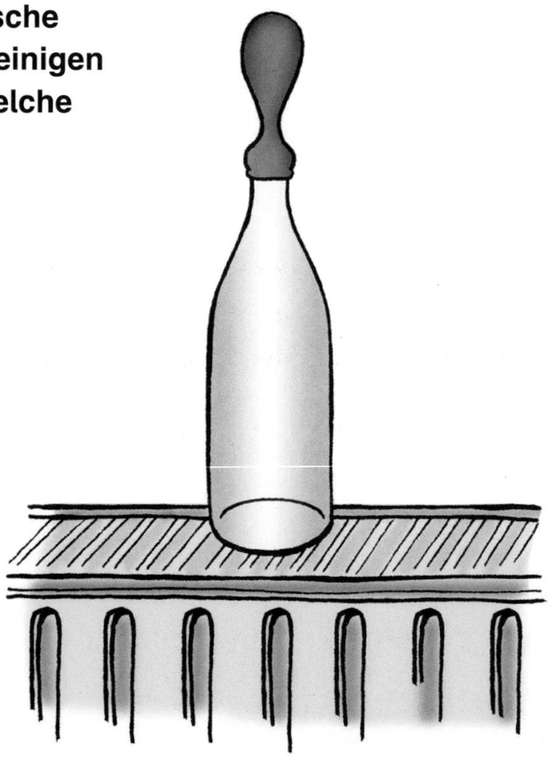

a) ☐ Gase dehnen sich beim Erwärmen aus, weil die Gasteilchen dicker werden.

b) ☐ Gase dehnen sich beim Erwärmen aus, weil sich die Teilchen stärker bewegen.

c) ☐ Gase dehnen sich beim Erwärmen aus, weil mehr Teilchen entstehen.

Anke Ganzer: Physik I – kompetenzorientierte Aufgaben
© Persen Verlag

4. Wasser wird von 10 °C auf 95 °C erhitzt.

a) Wie verändert sich die Anordnung der Teilchen? Zeichne die Anordnung ein.

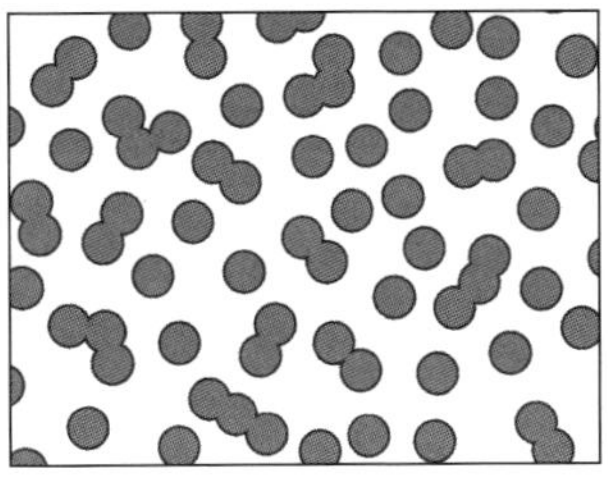

10 °C ________ 50 °C ________ 70 °C ________ 95 °C ________

b) Vergleiche (<; >; =) den Teilchenabstand (TA) bei unterschiedlicher Temperatur.

TA_{10} °C TA_{50} °C TA_{70} °C TA_{95} °C

c) Vergleiche die Dichte (<; >; =) des Wassers bei unterschiedlicher Temperatur.

ρ 10 °C ρ 50 °C ρ 70 °C ρ 95 °C

d) Angenommen das Wasser mit diesen unterschiedlichen Temperaturen befindet sich in einem Glas. Ordne die Temperaturen der unterschiedlichen Höhe zu.

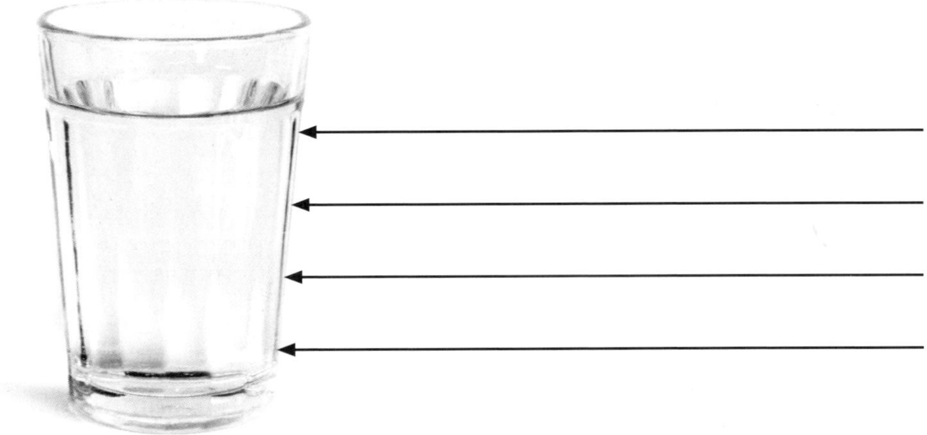

5. Klebe Aluminiumfolie auf ein weißes Blatt Papier und schneide daraus einen ca. 10 cm langen und 1 cm breiten Streifen. Bewege diesen Streifen mehrmals im Abstand von 10 cm mit der Aluminiumseite über einer Kerzenflamme.

a) Notiere deine Beobachtung. ____________________

____

____

b) Erkläre deine Beobachtung. ____________________

____

____

© Persen Verlag

Besonderheiten des Wassers

1. Vervollständige den Lückentext.

Wasser macht zwei Ausnahmen. Bei 4 °C hat Wasser die ________________ Dichte und das ________________ Volumen. Diese Eigenschaft heißt ________________ des Wassers. Eine weitere Ausnahme zeigt Wasser beim weiteren Abkühlen und Erstarren, denn dann ________________ das Wasser oder Eis wieder aus.

2. Entscheide, ob die Aussagen richtig oder falsch sind. Handelt es sich um eine falsche Aussage, dann schreibe dahinter, wie sie richtig heißen müsste.

Aussage	richtig	falsch	Die Aussage müsste richtig heißen:
Wasser zieht sich bis 4 °C zusammen und unter 4 °C verändert es sich nicht mehr.			
Wasser hat bei 4 °C das kleinste Volumen bei gleicher Masse.			
Das Wasser kann sich nicht zusammenziehen. Es dehnt sich immer aus.			
Die Dichte des Wassers ist bei 4 °C am größten.			
Das Wasser dehnt sich über und unter 4 °C aus.			
Bei gleichem Volumen ist Wasser stets leichter als Eis.			

3. Max und Moritz haben heute etwas Besonderes vor. Sie gehen Eisangeln. Während sie in die Eisdecke mühsam ein Loch bohren, stöhnt Max und fragt: „Warum friert so ein See von oben zu? Kann er denn nicht unten anfangen?“
Moritz erwidert: „Na, das ist doch ganz klar. Die Luft im Winter ist so kalt und im See tief unten kommt die kalte Luft nicht hin. Außerdem leben ja da unten unsere Fische und die bewegen das Wasser ständig. Da kann es nicht fest werden.“

a) Bewerte die zwei Erklärungen von Moritz.

____

____

____

Anke Ganzer: Physik I – kompetenzorientierte Aufgaben
© Persen Verlag

a) Zeichne die Temperaturverteilung in einem See ein.

im Sommer
4 °C, 6 °C, 8 °C, 10 °C, 14 °C

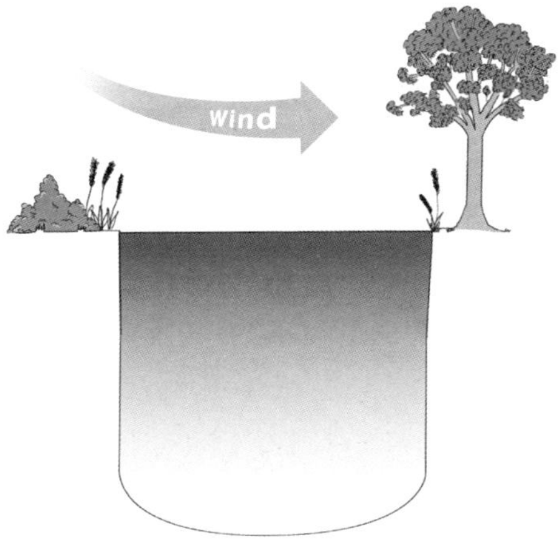

im Winter
0 °C, 1 °C, 2 °C, 3 °C, 4 °C

b) Beantworte die Frage von Max richtig und erkläre, welche Bedeutung diese Eigenschaft des Wassers für das Leben auf der Erde hat. Notiere im Heft.

4. Veröffentlichte Nachricht in einer regionalen Zeitung:

27.02.10| Frostschäden

Schlaglöcher machen Kommunen Angst

Auf den Straßen spüren die Autofahrer die Folgen des strengen Winters. Ihre Fahrt ist häufig mit einer Slalomfahrt vergleichbar. Vielen Kommunen graut es vor den Kosten für die Sanierung der Straßen. Schätzungen zufolge werden die Ausbesserungen bundesweit 70 Milliarden Euro kosten. Die Kassen vieler Kommunen sind leer.

Beschreibe den Zusammenhang zwischen dem Winter und der Sanierung der Straßen? Notiere im Heft.

5. Warum wird der Frost als „Helfer der Landwirtschaft“ bezeichnet? Notiere im Heft.

6. In ein Reagenzglas wird Wasser gefüllt. Markiere den Füllstand bei unterschiedlichen Temperaturen.

15 °C | 10 °C | 4 °C | 1 °C | –5 °C

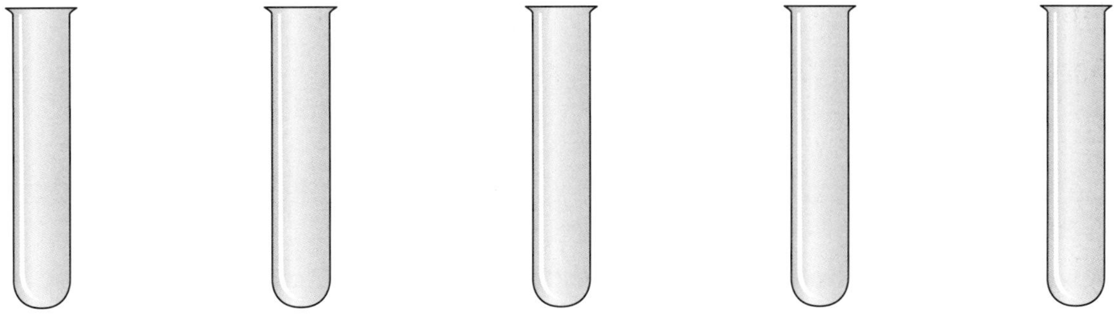

© Persen Verlag

Wärmequellen

1. Vervollständige!

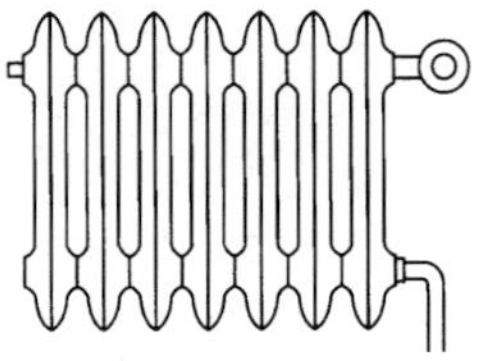

a) Der Heizkörper hat eine __________ Temperatur als die Umgebung. Die Wärmequelle ist __________ .

b) Die Eiswürfel haben eine __________ Temperatur als die Umgebung. Die Wärmequelle ist __________ .

Für alle Wärmequellen gilt: Wärmequellen können aufgrund ihrer __________ Temperatur Wärme an ihre Umgebung __________ .

2. Teile folgende Wärmequellen in zwei Gruppen ein. Finde Oberbegriffe.

Sonne, Lagerfeuer, Fön, Wärmflasche, Tiere, Heizung, Ofen, Kamin, Geysir, Reibstock, Bunsenbrenner, Ölradiator, Heizplatte, Erdgas

3. Zeichne die Richtung der Wärmeübertragung ein.

Heizplatte → Topf
Tee Löffel im Tee
Schneeball Hand
Eistee Mensch
Suppe Mensch
Tiere Rotlichtlampe
Fön Haare
Wäsche Bügeleisen
Wurst Kühlschrank

Anke Ganzer: Physik I – kompetenzorientierte Aufgaben
© Persen Verlag

Wärmeübertragungen

1. In folgendem Bild wird Wärme auf drei verschiedenen Arten übertragen. Benenne sie.

Das Feuer ist die Wärmequelle. Nenne weitere Wärmequellen und unterscheide:

künstliche Wärmequellen	natürliche Wärmequellen

2. Verallgemeinere und vervollständige.

Die Wärme wird in festen Körpern immer durch ______________________ übertragen. In Flüssigkeiten und Gasen erfolgt der Wärmetransport durch ________________ . In der Umgebung von heißen Körpern wird die Wärme durch ______________________ übertragen.

3. Schreibe die drei Arten der Wärmeübertragung in die Kästchen und entscheide, welche Art in folgenden Beispielen jeweils vorliegt. Verbinde.

Tom unterkühlt sich die Hand beim Anfassen des Metallgeländers im Winter.
Das heiße Wasser der Heizung breitet sich in den oberen Heizungsrohren aus.
Jonas wärmt sich am Lagerfeuer.
Lisa verbrennt sich die Finger am Kochtopf.
Der Sommerwind trocknet die Wäsche schnell auf der Leine.
Die Rotlichtlampe beleuchtet die Küken.

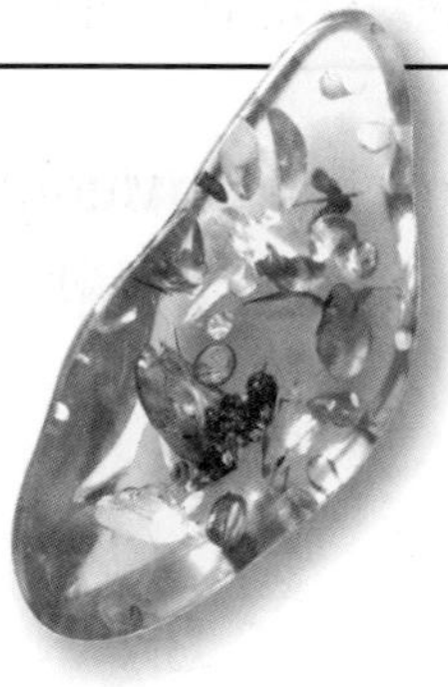

Elektrisch geladene Körper

1. Was hat Elektrizität mit Bernstein zu tun?
Kreuze diejenigen Antworten an, die du für richtig erachtest.

- ☐ Die Reibungselektrizität wurde zuerst am Bernstein beobachtet.
- ☐ Bernstein ist ein sehr guter elektrischer Leiter.
- ☐ Das Wort Bernstein stammt von dem griechischen Wort „elektron".
- ☐ Nach dem Reiben von Wolle an Bernstein, zieht Bernstein kleine Papierschnipsel an.
- ☐ Verbindet man zwei Bernsteine mit einem elektrischen Leiter, so fließt ein kleiner elektrischer Strom.

2. Reibe ein Kunststofflineal mit einem Wolltuch. Halte anschließend das Lineal in die Nähe von Papierschnipseln.

a) Was beobachtest du?

____

____

____

b) Erkläre deine Beobachtung und setze die Begriffe ein.

> Ladungstrennung, positiv geladen, negativ geladen, Anziehungskräfte, Elektronenüberschuss, Elektronenmangel

Durch die Reibung erfolgt eine ____________________ . Daraufhin ist das Wolltuch elektrisch ____________________ . Im Wolltuch herrscht nun ein ____________________ . Das Lineal ist jedoch elektrisch ____________________ , dort herrscht ein ____________________ .
Kommt das Lineal in die Nähe der Papierschnipsel wirken dazwischen ____________________ .

c) Julie wundert sich: „Wieso klebt meine schöne neue Sporthose immer an meinem Körper. Ich kann sie kaum wieder ausziehen."

____

____

Anke Ganzer: Physik I – kompetenzorientierte Aufgaben
© Persen Verlag

d) Daves Mutter steht vor einem Rätsel: „Wieso knistert meine Couchdecke so stark, wenn ich sie mir über die Beine ziehe?“

____

____

e) Warum tritt das Knistern im Winter stärker auf?

____

____

f) Bei welchen Vorgängen hast du Ähnliches beobachtet? Beschreibe sie.

____

____

____

____

3. Entscheide, ob die Aussagen richtig oder falsch sind. Ist die Aussage falsch, dann schreibe dahinter, wie sie richtig heißen müsste.

Aussage	richtig	falsch	Die Aussage müsste richtig heißen:
Ein Körper, dem positive Ladungen weggenommen wurden, ist positiv geladen.			
Elektrische Leiter besitzen viele freie Elektronen.			
Luft ist ein sehr guter Isolator.			
Besitzt ein Körper keine elektrischen Ladungen, ist er elektrisch neutral.			
Holz, Plastik und Glas besitzen viele frei bewegliche Elektronen.			
Isolatoren kann man durch Reibung elektrisch aufladen.			

© Persen Verlag

4. a) Wie nennt man das abgebildete Gerät?

b) Wofür wird es verwendet?

c) Warum ist die Berührungsstelle zwischen Gehäuse und festem Metallzeiger isoliert?

d) Das Gerät wird mit einem Stab berührt. Welche Aussagen kannst du über die Ladung des Stabes machen?

© Persen Verlag

Elektrischer Strom

1. a) Das Wort Strom wird in verschiedenen Bedeutungen verwendet zum Beispiel: Luftstrom – die Bewegung der Luft in eine Richtung. Finde weitere Beispiele.

____

____

____

b) Erkläre einen Begriff.

____

____

____

c) Was ist der elektrische Strom? Vervollständige den Satzanfang.

> Hinweis: Ladungsträger sind Teilchen, die eine elektrische Ladung besitzen, folglich sind Elektronen ein Beispiel für Ladungsträger.

Der elektrische Strom ...

(1) ... gibt an, wie viele Ladungsträger sich in einem Leiter bewegen.
(2) ... gibt an, wie stark der Antrieb für die Ladungsträger in einem Stromkreis ist.
(3) ... ist die gerichtete Bewegung von Ladungsträgern in einem Stromkreis.
(4) ... gibt an, wie stark die Bewegung der Ladungsträger in einem Stromkreis behindert wird.

d) Welche elektrischen Größen könnten mit den anderen Aussagen gemeint sein?

____

____

____

____

2. Damit ein elektrischer Strom in einem Stromkreis fließt, müssen bestimmte Voraussetzungen erfüllt sein. Kreuze an, welche dazugehören.

- ☐ geschlossener Stromkreis
- ☐ ein Schalter
- ☐ freibewegliche Ladungsträger
- ☐ eine Spannungsquelle
- ☐ eine Glühlampe

© Persen Verlag

3. Fließt ein elektrischer Strom, sodass die Lampe leuchtet?

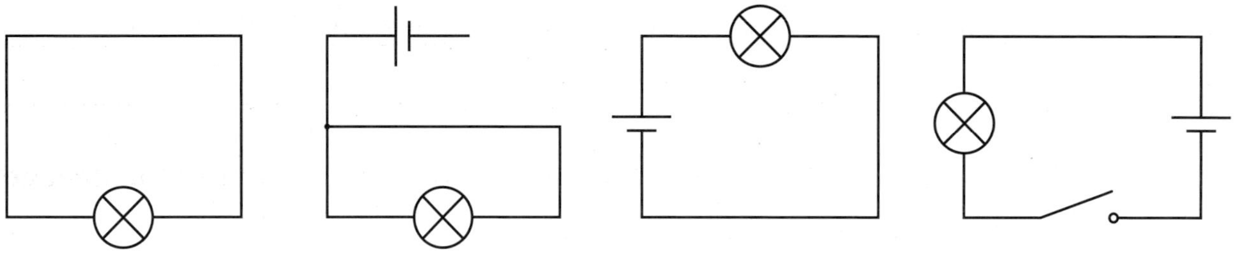

a) ____________ b) ____________ c) ____________ d) ____________

4. Elektrischen Strom erkennen wir nur an seinen Wirkungen. Ergänze die Wirkungen und ordne die folgenden Geräte oder Vorgänge in die Tabelle ein.

Schreibtischlampe, Klingel, Haarfön, Elektromotor, Flachbatterie, Schmelzsicherung, Bohrmaschine, Leuchtstofflampe, Versilbern eines Ringes, Wasserkocher, Akkumulator, Kühlschrank, Akkuschrauber, Taschenlampe, Autobatterie, Leuchtdiode

Lichtwirkung		chemische Wirkung	
	Bügeleisen		
			Lasthebemagnet

5. Wie viel Spannung liegt bei den Spannungsquellen vor? Ordne zu.

Monozelle, Steckdose, Blitz, Zitteraal, Solarzelle aus Silizium, Fahrraddynamo, Wärmekraftwerk

0,5 Volt	
1,5 Volt	
6 bis 12 Volt	
230 Volt	
bis 500 Volt	
6000–20 000 Volt	
100 Millionen Volt	

Anke Ganzer: Physik I – kompetenzorientierte Aufgaben
© Persen Verlag

6. Was bedeutet: „Der Akku ist leer."

____

____

7. a) Michelle bringt sich und andere in dieser Geschichte mehrmals in Lebensgefahr.

a) Finde die Fehler heraus und unterstreiche sie.
b) Formuliere anschließend mehrere Regeln für den sicheren Umgang mit elektrischem Strom.

Michelle hat es heute sehr eilig. Gleich kommen viele Gäste und sie wollen eine große Party feiern. Doch sie hat noch viel zu tun. Deshalb föhnt sie heute, während sie in der Badewanne sitzt, gleich ihre Haare. Das spart Zeit. Anschließend baut sie die Musikanlage auf und stellt fest, dass sie vergessen hat, diese zu reparieren. Schnell schraubt sie hinten die Verkleidung auf und entdeckt auch den Übeltäter. Das Kabel ist locker. Kein Problem – sie befestigt es mit Isolierband und schon ertönt ihre Lieblingsmusik. Das Isolierband hat ihr schon einmal geholfen, erinnert sie sich. Als sie vor vier Wochen am Ladekabel ihres Handys den Stecker aus der Steckdose herausriss, verklebte sie den Stecker auch mit dem Isolierband.
Zum Schluss will sie noch die Beleuchtung anbringen. Es ist eine wunderschöne Lichterkette und sie reicht durch das ganze Zimmer. Eine Lampe ist kaputt. Das ist sehr schade, doch mit zwei Kabeln hat sie diese Stelle geschickt überbrückt. Geschafft – die Party kann nun losgehen. Schon klingelt es an der Tür.

Regeln:

____

____

____

____

____

8. Stell dir vor, du kommst in ein Zimmer und findest die auf dem Bild abgebildete Situation vor. In welcher Reihenfolge musst du nun handeln?

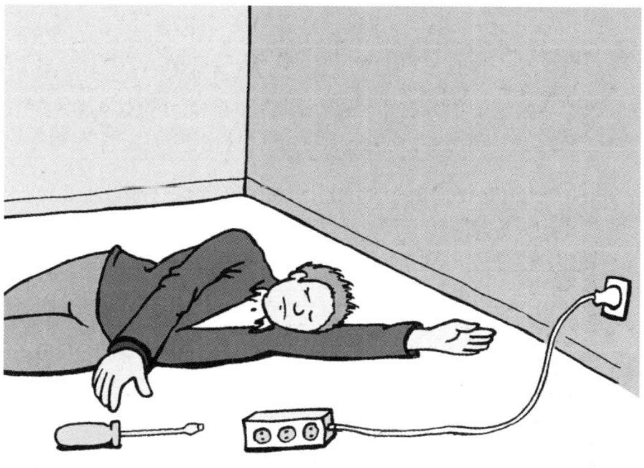

(1) Wenn die Person ohne Bewusstsein ist, mit der Mund-zu-Mund-Beatmung und der Herzdruckmassage beginnen.
(2) Den Notarzt über 112 verständigen.
(3) Die Ein- und Austrittsstellen etwa fünfzehn Minuten mit kaltem Wasser kühlen.
(4) Den Stromkreis unterbrechen, durch Ausschalten der Sicherung.
(5) Die Person mithilfe eines Besenstieles aus Holz oder Plastik von der Stromquelle trennen.
(6) Wenn die Person bei Bewusstsein ist, die Beine erhöht lagern.

© Persen Verlag

Elektrische Stromkreise

1. Vervollständige den Lückentext.

Ein elektrischer Strom fließt nur, wenn der Stromkreis ____________________ ist, wenn eine ____________________ und freibewegliche ____________________ vorhanden sind.

2. Vervollständige die Lückentexte passend zu der nebenstehenden Schaltung.

a)

Schließt man den Schalter A, so

____.

Schließt man nur den Schalter B, so

____.

Diese Schaltung ist eine

____.

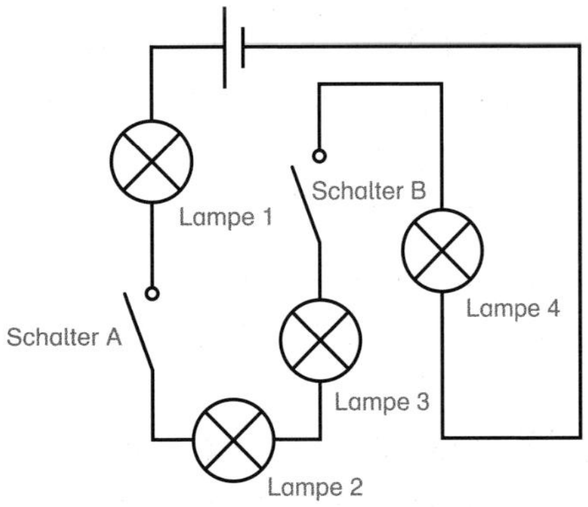

b)

Damit die Lampe 1 leuchtet, muss man

____________________________ schließen.

Die Lampe 2 leuchtet, wenn ______________

____________________. Diese Schaltung ist

eine ____________________________.

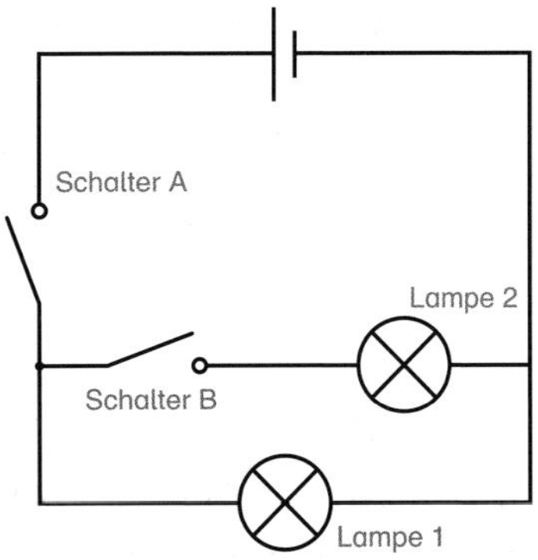

c)

Ist der Schalter A geöffnet, leuchten

____.

Ist der Schalter A geschlossen, so leuchten

____.

Diese Schaltung ist eine ______________

____.

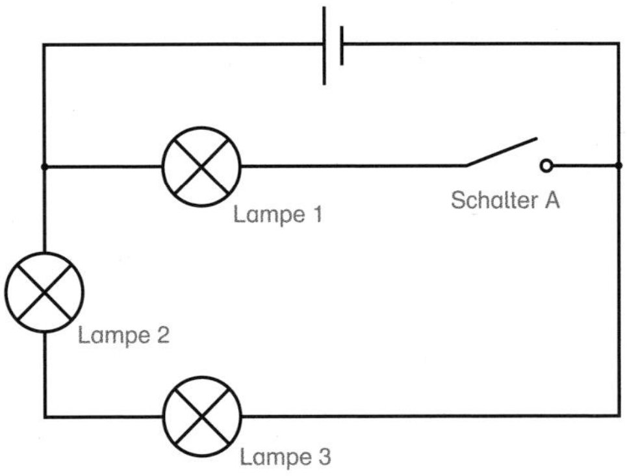

d)

Die Lampe 1 wird herausgeschraubt, so

____.

Wird Lampe 2 herausgeschraubt, so

____.

Diese Schaltung ist eine

____.

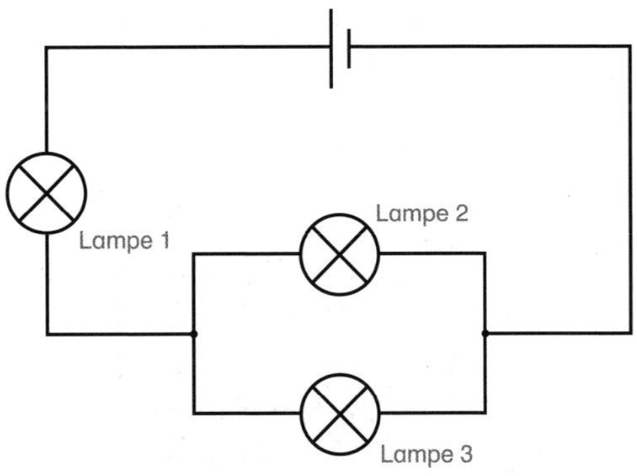

Anke Ganzer: Physik I – kompetenzorientierte Aufgaben
© Persen Verlag

3. Eduard findet in seinem Elektronikbaukasten zwei Schalter, zwei Lampen, und eine Batterie.

a) Zeichne die Schaltzeichen für die Bauteile auf.

b) Nun möchte er einen Stromkreis aufbauen, der folgende Eigenschaften erfüllt:
(1) Die Lampen dürfen nur leuchten, wenn Schalter A geschlossen ist.
(2) Die zweite Lampe soll durch den Schalter B extra ein- und ausgeschaltet werden können.
(3) Ein Kurzschluss ist unzulässig.
Wie muss die Schaltung aussehen?

c) Was kannst du über die Helligkeit der Lampen aussagen, wenn erst eine und anschließend beide Lampen leuchten?

____

____

____

4. Marvin hat die Aufgabe, mit dem Elektronikbaukasten einen Stromkreis mit zwei Schaltern, einem Lautsprecher, einer Lampe und einer Batterie aufzubauen. Er fand mehrere Möglichkeiten.

①

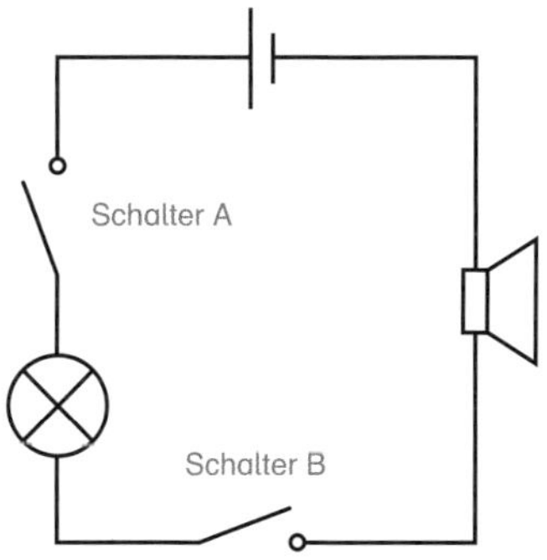

②

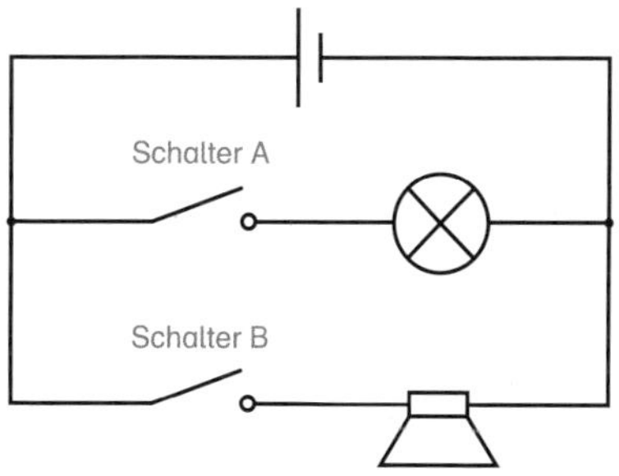

③

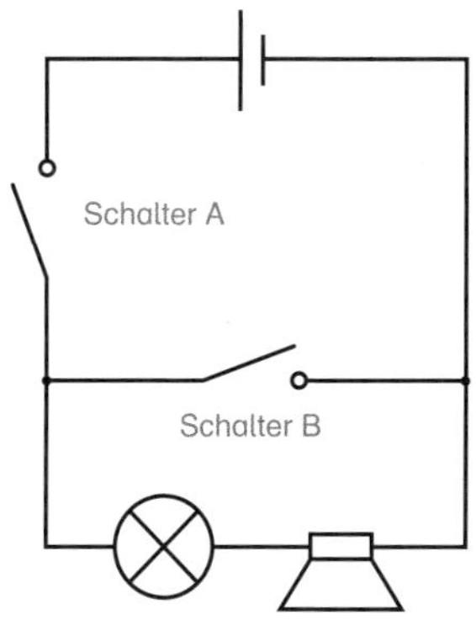

④

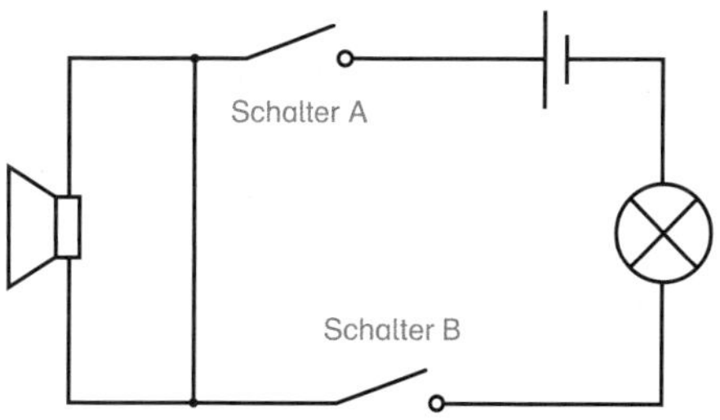

© Persen Verlag

a) In welchen Schaltungen können Lampe und Lautsprecher in Betrieb sein?

____

b) Welche Schaltungsarten liegen in den Schaltungen ① und ② vor?

____

____

c) Welche Unterschiede bestehen zwischen den Schaltungen ① und ②, wenn

Schalter A geschlossen ist: ______________________________

____

Schalter B geschlossen ist: ______________________________

____

Schalter A und B geschlossen sind: ________________________

____

d) Den Aufbau der Schaltung ③ hat sein Vater verboten. Kreuze an, warum?

☐ Es kann zu einem Brand kommen.

☐ Die Spannung der Batterie ist zu gering, wenn Lampe und Lautsprecher in Reihe geschaltet sind.

☐ Beim Schließen beider Schalter besteht eine nahezu widerstandslose Verbindung zwischen den Polen und die Stromstärke ist dann zu hoch.

☐ Es kann ein Kurzschluss entstehen.

☐ Die Stromstärke der Batterie ist zu gering, wenn Lampe und Lautsprecher in Reihe geschaltet sind.

5. Zeichne Verbindungsleitungen von der Batterie zur Glühlampe ein, sodass sie leuchtet.

Zeichne in einer anderen Farbe den Stromfluss von der Batterie zur Glühlampe und zurück ein.

Anke Ganzer: Physik I – kompetenzorientierte Aufgaben
© Persen Verlag

6. a) Wie groß ist die Spannung in der abgebildeten Stablampe?

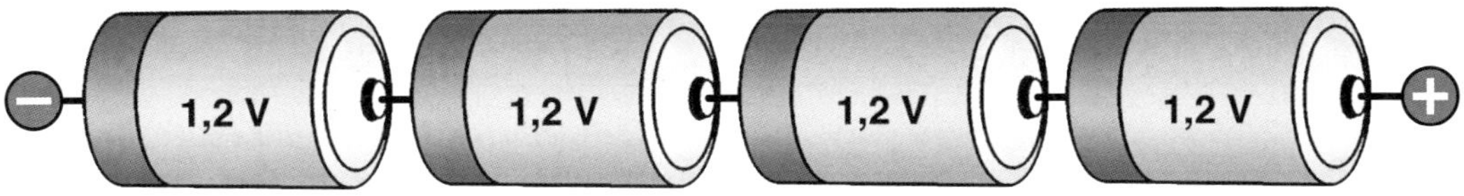

b) Bei einer anderen Lampe werden die Batterien parallel nebeneinander gelegt.
Wie groß ist hier die Spannung?

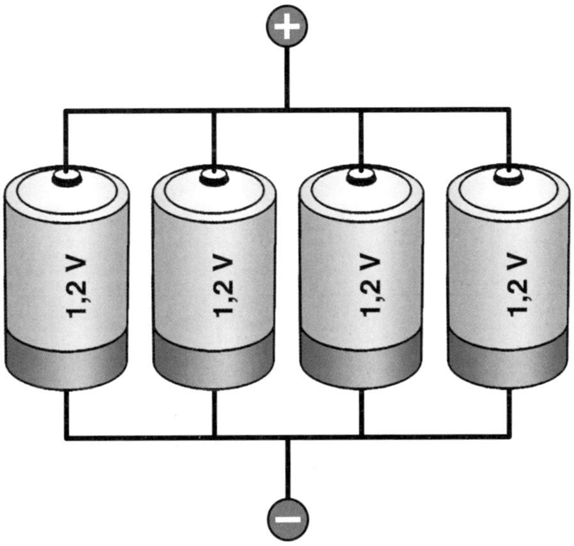

c) Vergleiche Betriebsdauer und Helligkeit der beiden Lampen?

© Persen Verlag

Magnete und ihre Wirkung

1. Vervollständige den Lückentext.

Magnete ziehen oder stoßen Körper aus ______________ an oder ab. Alle Magnete haben einen ____________________ und einen ________________________ . Zwischen gleichnamigen Polen wirken ___________________________________ und zwischen ungleichnamigen Polen wirken ____ . Magnete werden zum Beispiel _________________________________ und _________________________________ verwendet.

2. Zeichne die wirkenden Kräfte als Pfeile ein.

a)

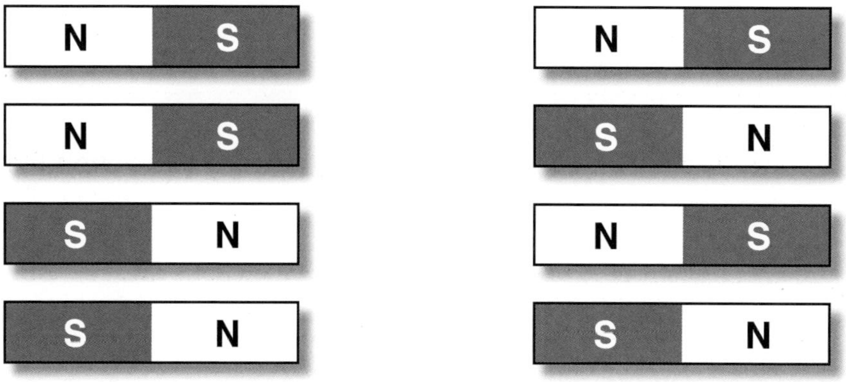

3. Von einem Stabmagnet ist die Beschriftung abgewischt. Finde die Pole mithilfe des Kompasses wieder heraus. Trage in das Feld ein.

4. a) Wie richten sich die Kompassnadeln in den nebenstehenden Punkten neben dem Dauermagneten aus? Zeichne sie ein.

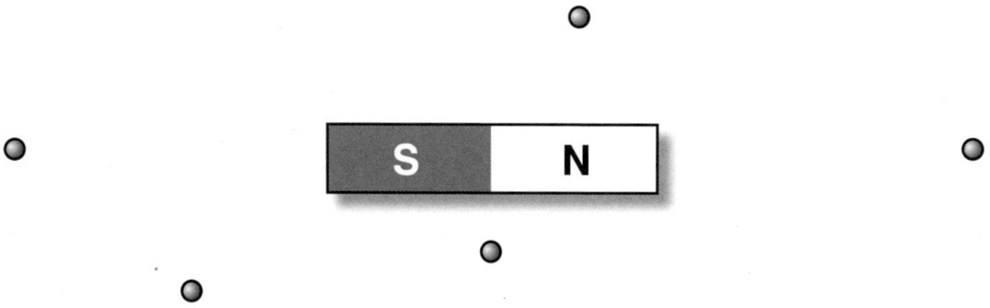

b) Eduard legt auf den Magneten eine Glasplatte und wiederholt das Experiment. Warum richten sich die Kompassnadeln trotzdem aus?

____

____

Anke Ganzer: Physik I – kompetenzorientierte Aufgaben
© Persen Verlag

c) Nun streut Eduard Eisenspäne auf die Glasplatte. Zeichne die Ausrichtung der Späne mithilfe von Linien ein.

5. Marcus behauptet Folgendes:

- Fließt durch ein Kabel ein Strom, so entsteht ein Elektromagnet.
- Elektromagnete sind häufig viel schwächer als Dauermagnete.
- Elektromagnete können die Pole wechseln.

a) Was meinst du dazu?

b) Welche Eigenschaften der Elektromagnete werden in folgenden technischen Geräten angewendet?

Lasthebemagnet:

Relais:

Elektromotor:

Klingel:

6. Tobias hat die Schachtel mit den Stahlnägeln fallen gelassen. Er befestigt seinen Stabmagneten an einem Stock und sammelt alle Nägel wieder ein.

a) Zeichne die Verteilung der Nägel an dem Magneten ein.

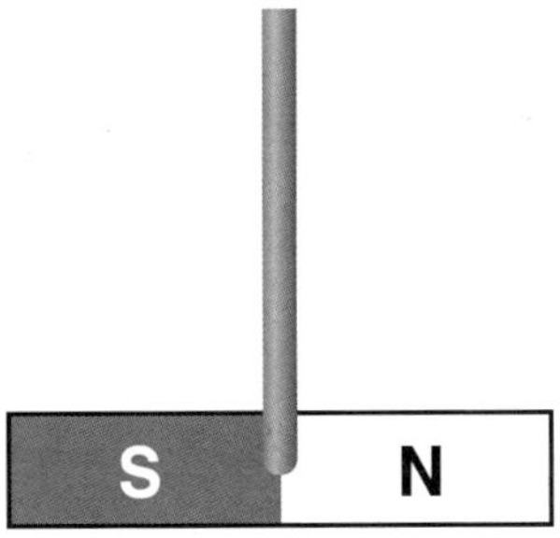

b) Begründe die Verteilung.

c) Jonas möchte die Eisenspäne in der Werkstatt mit einem Magneten „zusammenfegen“. Was hältst du von der Idee?

© Persen Verlag

Aus der Geschichte des Kompasses

Schon immer wünschten sich die Menschen, sich nicht nur über das Land, sondern auch zu Wasser bewegen zu können. Das Meer jedoch ist unberechenbar. Sich in den Weiten der Ozeane zu orientieren, ist aufgrund fehlender Anhaltspunkte sehr schwierig – schließlich kann man keine Wegweiser oder Verkehrsschilder aufstellen.

Seefahrer nutzten zur Orientierung bei ihren Reisen über das Meer den Sternenhimmel, die Sonne und den Sichtkontakt zur Küste oder sie bestimmten durch Lotung die Wassertiefe. Aufgrund dieser begrenzten Mittel waren ihre Reisen stark eingeschränkt. Sie suchten nach einer Möglichkeit der Ortsbestimmung, die auch auf dem Meer einsetzbar war.

Die Menschen wussten bereits seit der griechischen Antike, dass sich Splitter von Magneteisengestein immer in die gleiche Richtung ausrichten. Diese Eigenschaft wurde jedoch erst im 11. Jahrhundert in China zur Steuerung der Dschunken genutzt. Dort wurde herausgefunden, dass dünne Eisennadeln beim Berühren mit Magneteisenstein magnetisiert werden. Diese Magnetnadeln befestigten sie auf Schilfrohr und legten alles in eine Schüssel mit Wasser. So richtete sich die schwimmende Nadel aus und zeigte mit der Spitze nach Süden. Demzufolge nannten die Chinesen ihren „nassen Kompass" – Südweiser. Bis heute zeigt der chinesische Kompass nicht nach Norden, sondern nach Süden.

In Europa erwähnte im 12. Jahrhundert der englischen Gelehrte und Lehrer Alexander Neckam den nassen Kompass.

Der erste „trockene Kompass" hingegen wurde vermutlich erst im 13. Jahrhundert durch den italienischen Seefahrer Flavio Gioia entwickelt, der die Magnetnadel auf einem Stift befestigte. Heute wird er in seiner Heimatstadt Amalfi mit einem Denkmal geehrt. Ende des 13. Jahrhunderts zeichneten Seefahrer unter dem Stift, der die Nadel hält, die Himmelsrichtungen ein. So konnten sie schnell nicht nur die nördliche, sondern alle Himmelsrichtungen ablesen. Europäische Seefahrer bauten um 1400 die Magnetnadel mit Stift und Windrose erstmals in einen festen Kasten ein. So konnte der trockene Kompass fest auf Schiffen installiert werden und die Navigation wurde erheblich genauer.

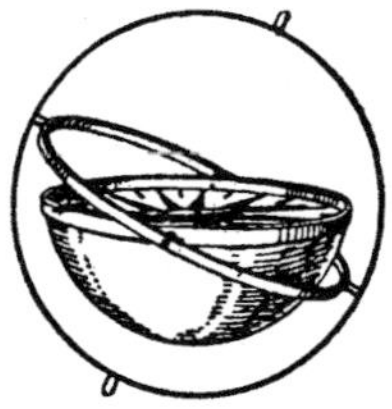

Leonardo da Vinci schlug später vor, den Kasten mit dem Kompass in eine kardanische Aufhängung einzubauen, welche eine Vorrichtung ist, mit der man Messinstrumente in zwei zueinander rechtwinkligen Achsen drehbar lagern kann. Seine Idee wurde im 16. Jahrhundert praktisch verwirklicht und setzte sich in ganz Europa durch. Mit diesem Instrument konnten die Seefahrer auch große Schwankungen leicht ausgleichen.

Bis heute wurde der Kompass immer weiterentwickelt. Vom Kreiselkompass bis hin zu GPS und Funk – immer genauer, besser und zuverlässiger werden die heutigen Navigations- und Orientierungssysteme. Die Menschen finden sich damit sowohl auf dem Land als auch auf den Meeren und sogar in der Luft exakt zurecht.

---

a) Welche ungünstigen Naturerscheinungen schränkten die Seefahrt bis zur Entdeckung des Kompasses ein?
b) Fertige einen Zeitstrahl an, der die Entwicklung des Kompasses zeigt (nicht maßstäblich).
c) Wie stellst du dir einen Südweiser vor? Fertige eine Skizze an.

Anke Ganzer: Physik I – kompetenzorientierte Aufgaben
© Persen Verlag

Lernzielkontrolle

1. Vervollständige den Lückentext.

Stimmen bei Körpern die Anzahl positiver und negativer elektrischer Ladungen überein, so sind sie ______________________ . Zwischen gleichnamig elektrischen Ladungen wirken ______________________ und zwischen ungleichnamig elektrischen Ladungen ______________________ . Ein Kunststoffstab und ein Wolltuch werden aneinandergerieben. Der Stab ist nun negativ geladen, das Wolltuch ist dann ______________ .
Man unterscheidet vier Wirkungen des elektrischen Stromes. Bei einer Waschmaschine kann man ________________ und ________________ Wirkung beobachten.

2. Nachdem Oliver von der Rutsche in die Arme seiner Mutter heruntergesaust war, erhielten beide einen elektrischen Schlag. Warum?

____

____

____

____

____

____

____

____

____

____

3. Wahr oder falsch? Berichtige falsche Aussagen.

a) Es gibt anziehende und abstoßende elektrische Ladungen.
b) Wenn ein Körper Elektronen abgibt, so ist er elektrisch negativ geladen.
c) Die Bewegung von Atomen durch einen Leiter ist elektrischer Strom.

____

____

____

____

____

____

____

© Persen Verlag

4. Til findet in seinem Elektronikbaukasten eine Batterie, eine Lampe, einen Motor und zwei Schalter.

a) Zeichne die Schaltsymbole der Bauteile auf.

b) Er soll eine Schaltung aufbauen, die folgende Bedingungen erfüllt.

- Der Motor darf nur in Betrieb sein, wenn die Lampe leuchtet.
- Die Lampe kann auch allein in Betrieb sein.
- Ein Kurzschluss ist unzulässig.

Wie muss die Schaltung aussehen?

5. Häufig werden elektrische Stromkreise mit Wasserkreisläufen verglichen. Verbinde die passenden Begriffe.

Lampe
Spannungsquelle
Ladungsträger
Kabel
Schalter

Ventil
Wasserrohre
Wasser
Pumpe
Sammelbecken

6. Vergleiche beide Stromkreise ...

a)

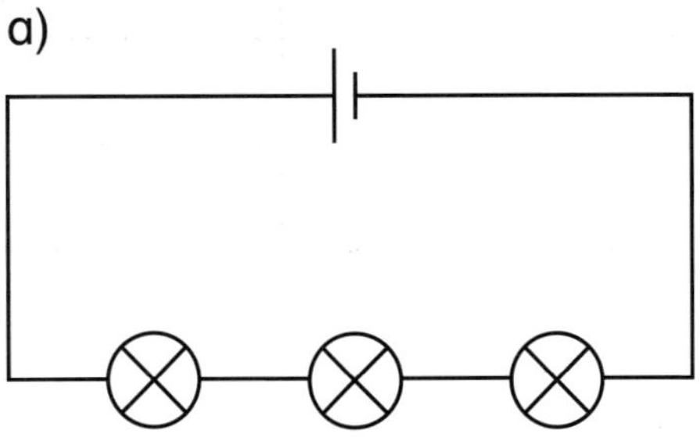

b)

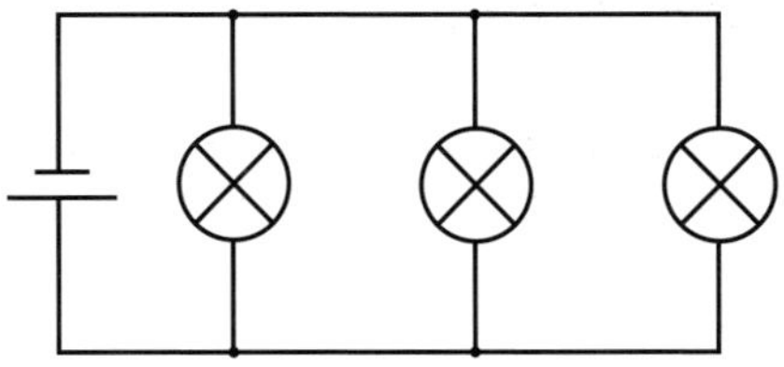

(1) ... nach der Art: ____________________

(2) ... nach der Helligkeit der Lampen: ____________________

(3) ... wenn eine beliebige Lampe ausgeschraubt wird, dann ____________________

____

Anke Ganzer: Physik I – kompetenzorientierte Aufgaben
© Persen Verlag

7. Nenne drei Regeln für den Umgang mit elektrischem Strom.

8. Zeichne die Pole der Magnete ein.

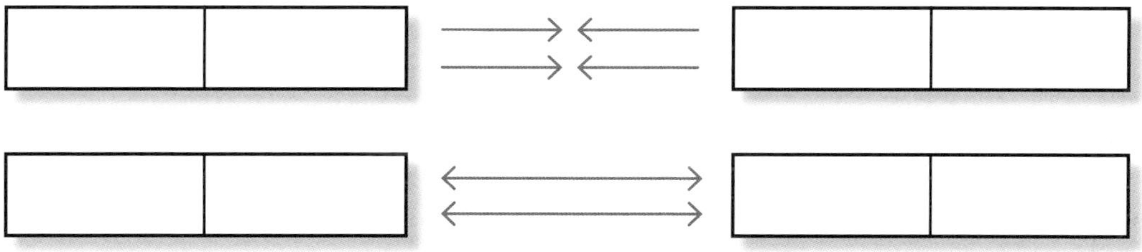

9. Wir unterscheiden Dauermagnete und Elektromagnete. Kreuze die passende Eigenschaft an.

Eigenschaften	Dauermagneten ...	Elektromagneten ...
... entstehen, wenn Strom durch einen Leiter fließt.		
... verlieren beim Erhitzen ihre Wirkung.		
... wirken im Raum um sie herum.		
... verstärken durch einen Eisenkern ihre Wirkung.		
... können ihre Pole wechseln.		
... ziehen Körper aus Eisen an.		
... werden als Kompassnadel verwendet.		

© Persen Verlag

Lösungen/Physik – Einführung

Physik – Was ist das? S. 9

1. a) Die Physik untersucht die Naturvorgänge im Bereich der unbelebten Materie sowie deren Eigenschaften.
   b) Experimente, Erfassen von Messwerten, mathematisches Darstellen
   c) Die untersuchten Naturerscheinungen sollen erfasst, beschrieben und erklärt werden.
   d) Viele physikalischen Entdeckungen führen zur Verbesserung und Erleichterung des Lebens der Menschen, z. B. der Fahrraddynamo, Flaschenöffner, der Elektroherd oder die Gangschaltung

2. a) Wie entsteht ein Regenbogen? ➡ Physik; b) Warum fliegen frischgewaschenen Haare dem Kamm nach? ➡ Physik; c) Warum wächst der Baum? ➡ Biologie; d) Warum löst der Essig den Kalk? ➡ Chemie; e) Warum fällt der Apfel nach unten? ➡ Physik; f) Warum sind Blätter grün? ➡ Physik, Biologie; g) Warum können Vögel fliegen? ➡ Physik, Biologie; h) Was sind „Schwarze Löcher"? ➡ Asronomie; i) Wie entsteht im Kraftwerk elektrischer Strom? ➡ Physik; j) Was macht unser Magen mit der Nahrung? ➡ Biologie; k) Wie entsteht ein saurer Regen? ➡ Chemie; l) Können wir auf dem Mond Musik hören? ➡ Physik; m) Wie entsteht der Blutdruck? ➡ Biologie; n) Warum bleibt in der Thermoskanne der Tee heiß und das Eis kalt? ➡ Physik; o) Warum sind die Tage unterschiedlich lang? ➡ Astronomie; p) Wie können wir Atome spalten? ➡ Physik; q) Wie kann man aus Erdöl Gummi und Bekleidung herstellen? ➡ Chemie; r) Warum schwimmt Eis? ➡ Physik

3. Mechanik ➡ e), g); Optik ➡ a), f); Akustik ➡ l); Elekrtizitätslehre ➡ b), i); Wärmelehre ➡ n), r); Atomphysik ➡ p)
4. *Individuelle Antworten*

Bedeutende Physiker S. 11

1.

Archimedes	**Galileo**	**Kepler**	**Guericke**	**Newton**	**Faraday**	**Einstein**
um 287–212 v. Chr.	1564–1642	1571–1630	1602–1686	1643–1727	1791–1867	1879–1955
Mathematiker und Physiker aus Syrakus	italienischer Philosoph, Physiker und Astronom	deutscher Naturphilosoph	deutscher Politiker, Jurist und Naturwissenschaftler	englischer Physiker	englischer Naturforscher, Experimentalphysiker	deutscher theoretischer Physiker
Hebelgesetz, Auftriebsprinzip, Hohlspiegel, π	Fallgesetze, Thermometer	Planetebewegung, Symmetrie der Schneeflocke, Zahnradpumpe	Luftpumpe, Luftgewehr, Vakuumexperimente	Gravitationsgesetz, Grundgesetze der Bewegung	elektromagnetische Induktion, Grundgesetze der Elektrolyse	Relativitätstheorie

Die Teilgebiete der Physik S. 12

1. a) Mechanik, b) Elektrizitätslehre, c) Optik, d) Atomphysik, e) Wärmelehre, f) Akustik
2. Elektrizitätslehre, Wärmelehre, Atomphysik, Akustik, Optik
3. *Individuelle Antworten*
4. *Individuelle Antworten*

Mechanik: *Wie kann man Steine leichter hoch heben? ➡ Flaschenzug*
Ist die Krone aus reinem Gold? ➡ Auftrieb, Dichte
Optik: *Wie kann ich den Mond größer sehen? ➡ Fernrohr*
Warum sehe ich mich im Wasser? ➡ Reflexionsgesetz
Wärmelehre: *Warum wird der Topfdeckel beim Kochen heiß? ➡ Aggregatzustände und ihre Änderungen*
Wie bleibt der Tee länger heiß? ➡ Thermoskanne
Akustik: *Kann mich mein Freund weit weg hören? ➡ Megafon*
Wie kann ich mich mit weit entfernten Menschen unterhalten? ➡ Telefon
Elektrizitätslehre: *Kann man mit Strom Licht erzeugen? ➡ Glühlampe*
Wie kann ich Strom herstellen? ➡ Generator

Anke Ganzer: Physik I – kompetenzorientierte Aufgaben
© Persen Verlag

Lösungen/Physik – Einführung

Finden einer physikalischen Gesetzmäßigkeit S. 14

1. a) Hypothese: Die gefärbte Flüssigkeit steigt auf.
   b) Beobachtung: Die gefärbte Flüssigkeit steigt auf.
   c) Vergleich: Hypothese und Beobachtung stimmen überein.
   d) Aussage: Heiße Flüssigkeiten steigen nach oben.

Einheitenvorsätze S. 15

1. groß, klein, multipliziert, dividiert

2.

Hekto	das Millionenfache = · 1 000 000
Kilo	das Tausendfache = · 1000
Mega	das Hundertfache = · 100
Dezi	ein Zehntel = : 10
Nano	ein Hundertstel = : 100
Milli	ein Tausendstel = : 1000
Zenti	ein Milliardstel = : 1 000 000 000

3.

Vorsatz	Symbol	Rechnung	Verwendung bei ...
Nano	*n*	*: 1 000 000 000*	Nanometer nm
Milli	m	*: 1000*	*Milliliter ml*
Zenti	*c*	*: 100*	*Zentimeter cm*
Dezi	*d*	*: 10*	*Dezimeter dm*
Hekto	*h*	*· 100*	Hektoliter hl
Kilo	*k*	*· 1000*	*Kilogramm kg*
Mega	*M*	· 1 000 000	*Megawatt MW*

4. a) Zentimeter, b) Hektoliter, c) Kilogramm, d) Milliliter
5. a) Milli, Kilo; b) Milli, Zenti, Dezi, Kilo; c) Kilo, Mega; d) Milli, Zenti, Dezi, Hekto;
6. *Individuelle Antworten*
7. a) 0,01 m; b) 1000 m; c) 0,1 m; d) 0,000000001 m
8. 1000 W, 1 000 000 W, 1 000 000 000 W
9. a) 51 kg; b) 6 kg; c) 250 mg; d) 34 mg; e) 8 dt; f) 25 mm; g) 85 nm; h) 16 km; i) 3 hl; j) 2 ml; k) 5 cl;
10. 1000 kg

Arbeiten mit Diagrammen S. 17

1. a) Temperatur-Zeit-Diagramm
   b) Zeit in s / Temperatur in °C: 0 / 20; 150 / 45; 60 / 30; 210 / 55; 30 / 25; 120 / 40; 180 / 50
   c) (1) 120 Sekunden, (2) 60 Sekunden
   d) 20 Kelvin, 20 Kelvin; 40 °C – 20 °C = 20 K; 70 °C – 50 °C = 20 K *(Die Angabe in °C ist auch als richtig gelten zu lassen, da Kelvin erst später vermittelt wird. Im Vordergrund steht hier die Arbeit mit dem Diagramm.)*

2. a)

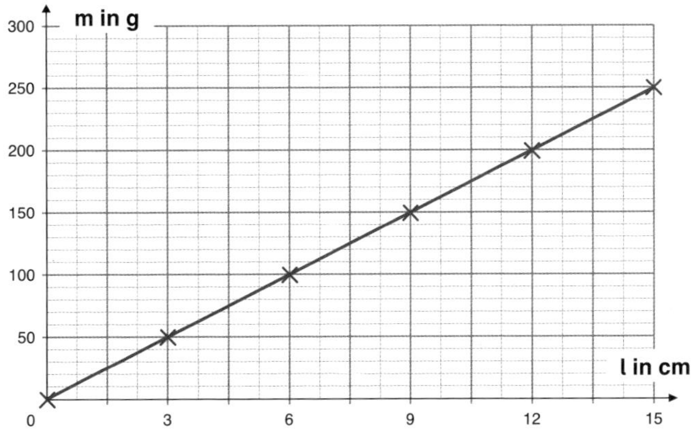

   b) länger
   c) 4,5 cm, 13,5 cm, 18 cm
   d) 125 g, 175 g, 400 g
   e) Das Gummiband würde durchreißen.
   f) Das Gummiband ist weicher, da weniger Masse für die Längenänderung notwendig ist.

© Persen Verlag

Lernzielkontrolle S. 19

1. Die Physik untersucht die Naturvorgänge im Bereich der *unbelebten Materie*. Zur Erkenntnisgewinnung führen Physiker mehrere Tätigkeiten aus, wie zum Beispiel *experimentieren*, *messen* oder *vergleichen*. Berühmte Physiker waren *Archimedes*, *Guericke* und *Einstein*.
2.

Mechanik	Aufbau der Atome, radioaktive Strahlung
Optik	Entstehung und Ausbreitung von Schall
Wärmelehre	Eigenschaften elektrisch geladener Körper
Elektrizitätslehre	Temperatur, Übertragung von Wärme
Akustik	Ausbreitung des Lichtes
Atom- und Kernphysik	Bewegung von Körpern, Kräfte

3. a) der tausendste Teil; b) das Tausendfache; c) der zehnte Teil; d) das Hundertfache; e) der hundertste Teil; f) das Millionenfache
4. a) Weg-Zeit-Diagramm; b) 30 m; c) 8 s

Lichtausbreitung S. 20

1.

Lichtquellen	beleuchtete Körper
Sonne	*Mond*
Kerze	*Puppe*
Sterne	*Pferd*
Glühlampe	*Traktor*
Blitz	

2. Die Glühlampe ist eine künstliche Lichtquelle.
3. Schlauch – geradlinig, hinter der Lampe – allseitig, so schnell – mit Lichtgeschwindigkeit
4. Wenn das Licht von links einfällt, wird das Heft des Schülers beleuchtet und die rechte Hand, mit der die meisten Schüler schreiben. Diese rechte „Schreibhand" wirft dann einen Schatten nach rechts hinter das Heft. Schreibt der Schüler jedoch mit der linken Hand, ist diese Aufstellung für ihn ungünstig. Der Schatten der linken „Schreibhand" fällt auf sein Heft.
5. ☑ Der Weg, den das Licht in einem Jahr zurücklegt.
6. In dem Nebel sind winzig kleine Wassertröpfchen. An diesen Teilchen wird das Licht gestreut und die reflektierten Strahlen fallen in unsere Augen. Wir sehen die Lichtstrahlen.

Licht und Schatten S. 22

1. Geht von einer Lichtquelle Licht aus, so entsteht hinter einem lichtundurchlässigen Körper ein Schatten. Wir unterscheiden den Kernschatten und den Halbschatten, wenn der Körper von zwei Lichtquellen angestrahlt wird.
2. Der Fußballer wurde von vier Lichtquellen im Stadion angestrahlt. Folglich hat er auch 4 Schatten.

3.

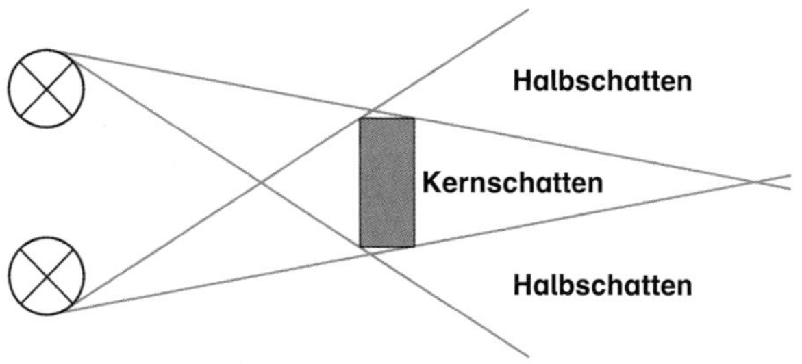

4.

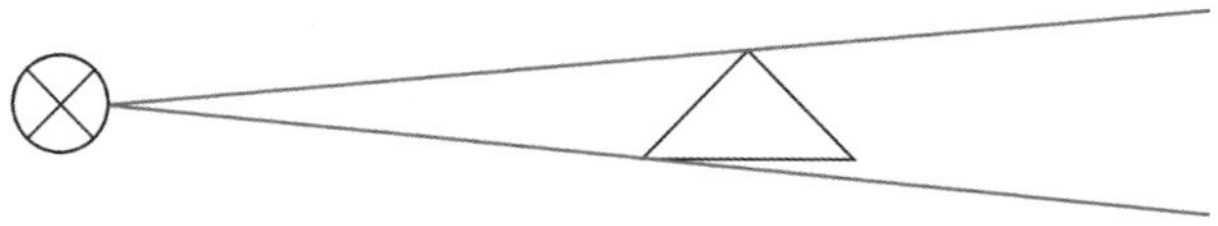

5.

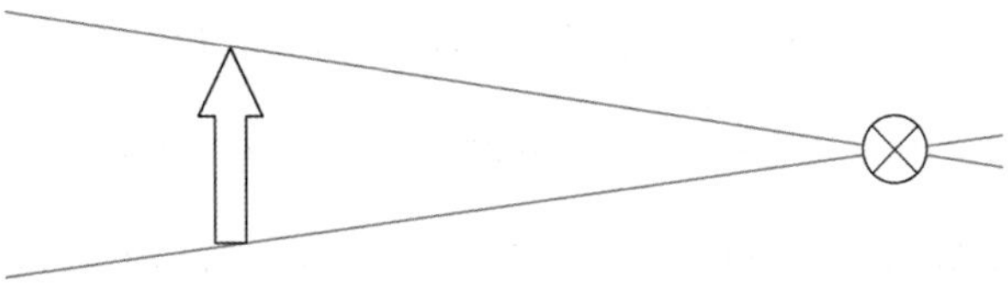

6.

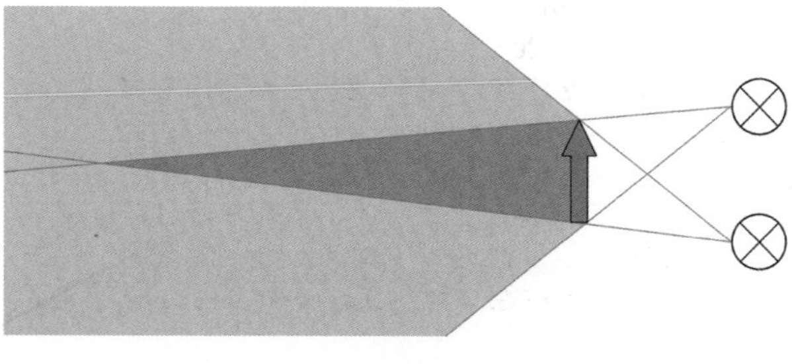

© Persen Verlag

7.
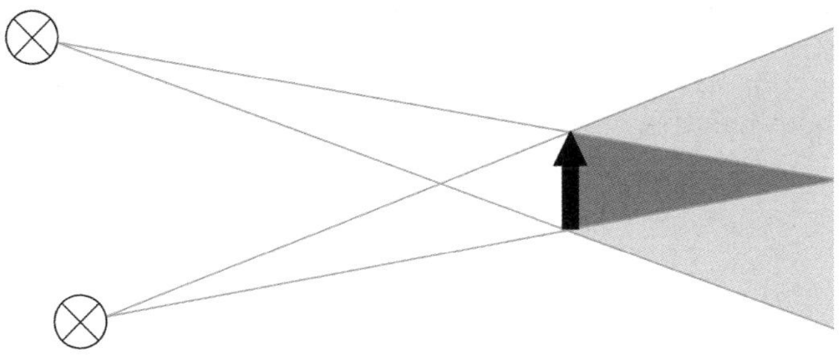

8. Man sieht keine Lichtquelle.
9. Das erste Bild wurde am Abend oder am Morgen, das zweite Bild am Mittag aufgenommen.
10. Damit ein Schatten nach Süden zeigt, müsste die Sonne sich im Norden befinden. In Europa ist die Sonne nie ganz im Norden. In Südamerika jedoch durchläuft die Sonne den Norden, aber den Süden nicht. Korrekt wäre zu sagen, in Europa fällt nach Süden kein Schatten.

Sonnen- und Mondfinsternis S. 24

1. Sonnenfinsternis, Mondfinsternis
2. ☑ Bei einer Sonnenfinsternis wirft der Mond seinen Kernschatten auf die Erde.
   ☑ Sonnenfinsternisse sind nur bei Neumond von der Erde aus zu beobachten.
3.
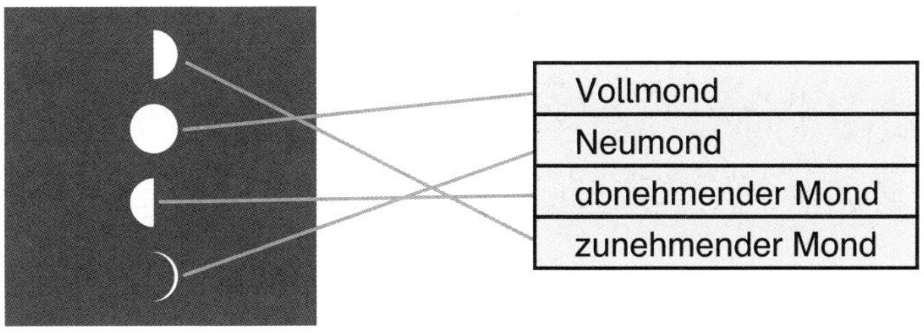

4.
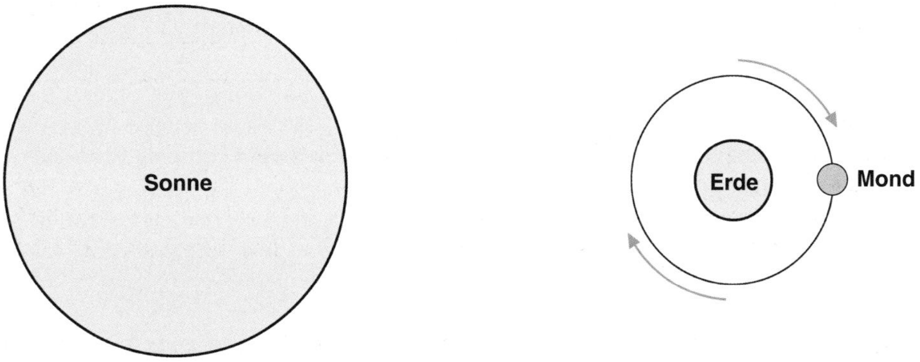

Bei Vollmond wird der Mond komplett von der Sonne bestrahlt. Er befindet sich hinter der Erde.
So kann kein Schatten des Mondes auf die Erde fallen.

5.

6. a) Der nächste Vollmond:
   Alle Termine im Jahr 2011: 19.1.; 18.2.; 19.3.; 18.4.; 17.5.; 15.6.; 15.7.; 13.8.; 12.9.; 12.10.; 10.11.; 10.12.
   b) Der nächste Neumond:
   Alle Termine im Jahr 2011: 4.1.; 3.2.; 4.3.; 3.4.; 3.5.; 1.6.; 1.7.; 30.7.; 29.8.; 27.9.; 26.10.; 25.11.; 25.12.
   c) Die nächste Sonnenfinsternis in Europa:
   20.3.15 – auf den Faröer-Inseln; 12.8.26 – im Norden Spaniens; 2.8.27 – in Nordafrika und Südspanien
   d) Die nächste Mondfinsternis in Europa:
   15.06.11; 10.12.11; 4.6.12; 28.11.12; 25.4.13; 25.5.13; 18.10.13; 15.4.14; 4.4.15; 28.9.15: 23.3.16; 18.8.16; 16.9.16; 11.2.17; 7.8.17; 31.1.18: 27.7.18; 21.1.19; 16.7.19; 10.1.20; 5.6.20; 30.11.20

© Persen Verlag

7. Sonnenfinsternis auf dem Mond

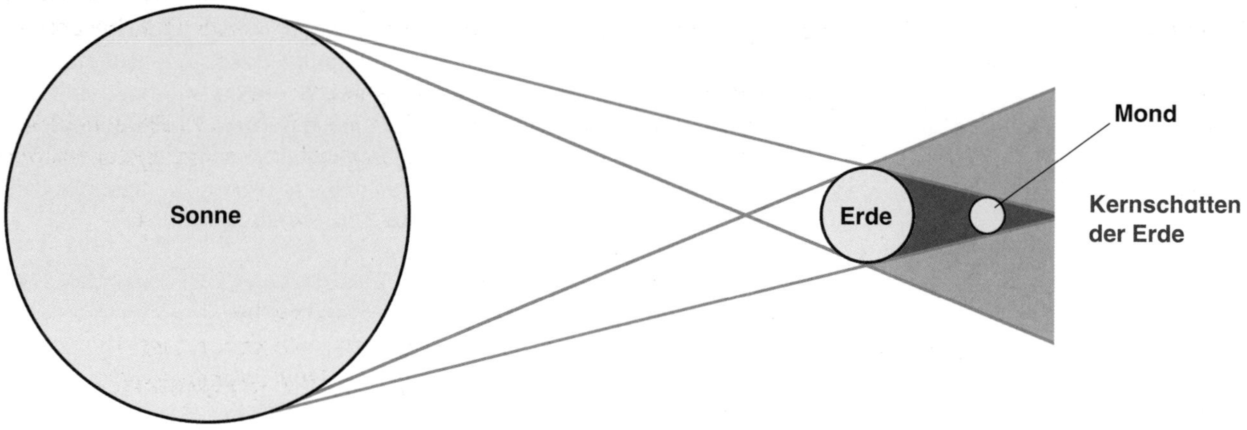

Lernzielkontrolle S. 26

1. Das Licht wird von *Lichtquellen* ausgestrahlt. Es breitet sich *allseitig*, *geradlinig* und mit *Lichtgeschwindigkeit* aus. Ein Schatten entsteht hinter einem *lichtundurchlässigen*, *beleuchteten* Körper. Liegt die Erde im Kernschatten des Mondes, so ist das eine *Sonnenfinsternis*. Liegt der Mond im Kernschatten der Erde, so nennt man das eine *Mondfinsternis*.
2. a)

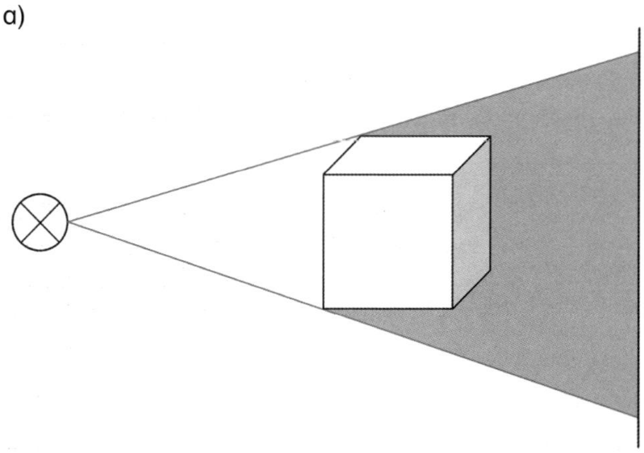

   b) 1) ➡ größer; 2) ➡ kleiner
3. b) Kürzer ist der Schatten.
4. Das Licht der Sonne wird von allen Körpern reflektiert, so fällt auch in den Schatten reflektiertes Licht. Folglich ist es im Schatten nicht ganz dunkel und man kann ein Buch lesen.
5.

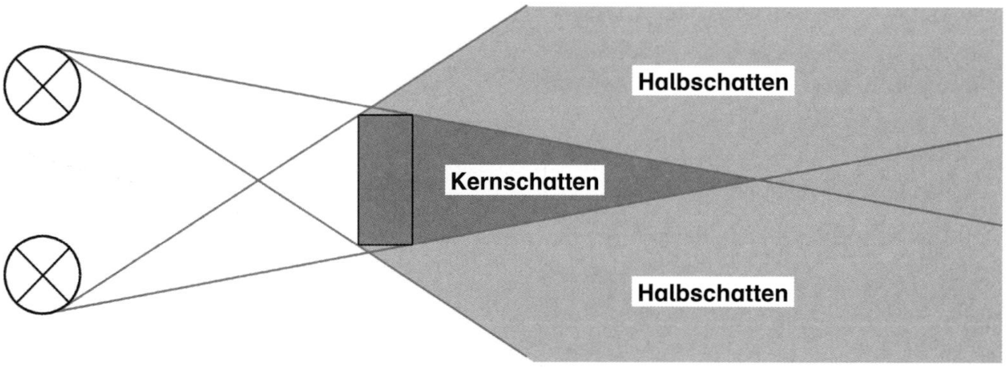

Im Kernschatten sieht man keine Lichtquelle.

6. Das Licht der Sonne wird an den winzigen Staubteilchen gestreut. Die Strahlen werden reflektiert und wir können die Sonnenstrahlen sehr gut sehen.
7. ☑ D und ☑ B; in B befindet sich der Satellit im Kernschatten, in D wird er für uns von der Rückseite angestrahlt.

Anke Ganzer: Physik I – kompetenzorientierte Aufgaben
© Persen Verlag

Lösungen/Physik – Optik

Camera Obscura — S. 28

1. Fotografie, Malerei, Astronomie, Physik und Biologie – Erklärung des Sehvorganges, Zeichenhilfe bei Landschaftsmalerei, Touristik
2. Höhlenbewohner, Aristoteles, Alhazen, Leonardo da Vinci, Johannes Keppler, Canaletto
3. Die Camera Obscura wurde zu einem Fotoapparat weiterentwickelt, mit dem wir heute exakte Bilder unserer Umgebung erstellen können. Wir nutzen sie, um Augenblicksaufnahmen festzuhalten, um uns später zu erinnern oder andere Menschen an Erlebnissen teilhaben zu lassen.
4.

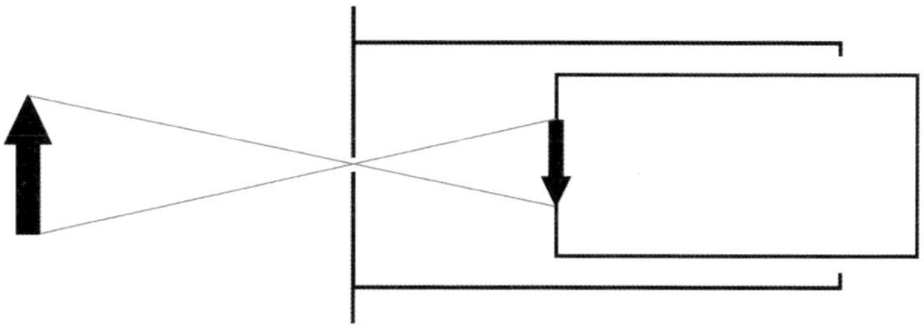

Bildeigenschaften:
Bild steht auf dem Kopf, ist verkleinert und spiegelverkehrt

Reflexion des Lichtes — S. 30

1.

Reflexion des Lichtes	teilweise Aufnahme des Lichtes
Absorbtion des Lichtes	Änderung der Ausbreitungsrichtung
Brechung des Lichtes	Zurückwerfen des Lichtes

2. Beleuchtete Körper können wir sehen, weil sie das Licht *reflektieren*. Sie werfen nur einen Teil des Lichtes zurück, den Rest *absorbieren* sie. Das zurückgeworfene Licht, das wir sehen, nennt man *Körperfarbe*. Ein Körper, der sämtliches auf ihn fallendes Licht absorbiert, erscheint uns *schwarz*. Ein Körper, der alle Spektralfarben gleich stark reflektiert, erscheint uns *weiß*.
3.

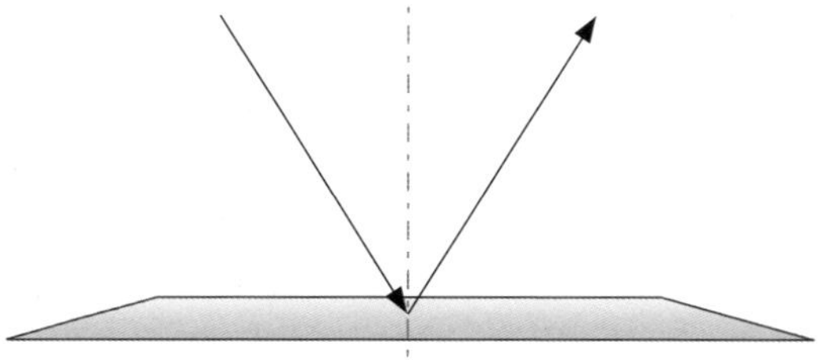

a) Gesetz: Trifft ein Lichtbündel auf einen ebenen Spiegel, so ist der Einfallswinkel genauso groß wie der Reflexionswinkel. Einfallswinkel, Reflexionswinkel und Einfallslot liegen in einer Ebene. $\alpha = \alpha'$

b) um 40°

4. In der Skizze 2 ist der Sehvorgang richtig dargestellt. Die Lichtstrahlen der Lampe fallen auf das Buch und werden in die Augen des Lesers reflektiert.
5. a) falsch, b) richtig, c) falsch
6.

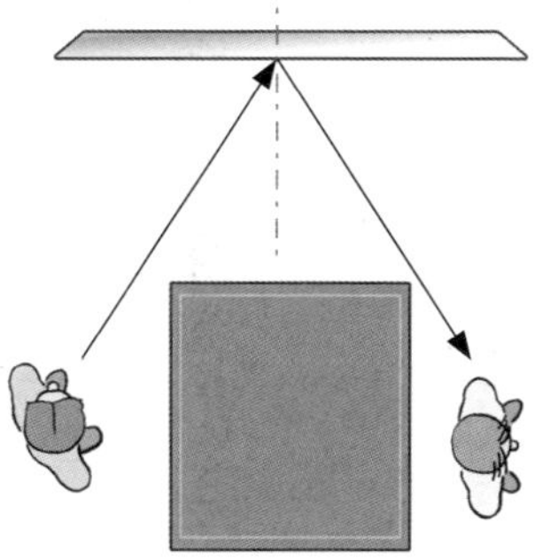

Frank kann seine Freundin Daniela sehen.

7.

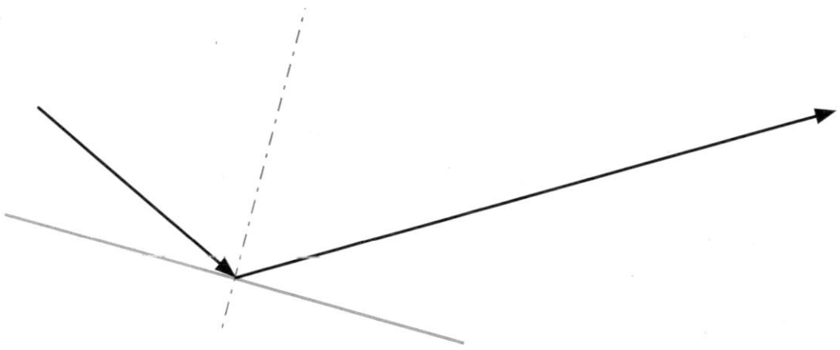

8.

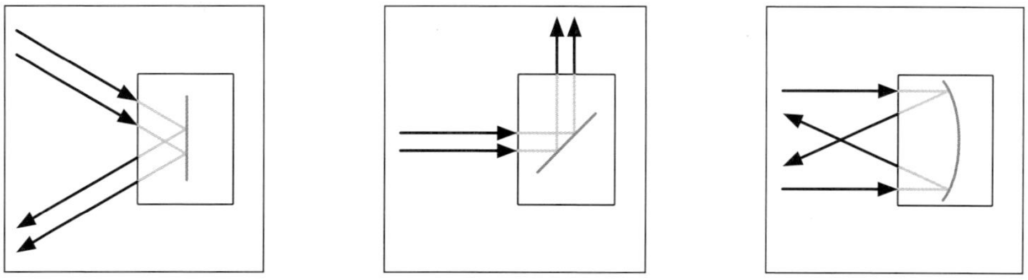

© Persen Verlag

9. Helle Kleidung reflektiert das Licht besser als dunkle Kleidung. Die Menschen mit heller Kleidung sind deshalb besser zu sehen.
10. Auf der Kleidung der zwei Menschen befinden sich Streifen, die das Licht sehr gut reflektieren – Reflektoren. Diese Streifen befinden sich meist auf den Armen, Beinen und am Oberkörper. Trifft das Licht auf diese Streifen sieht man diese besser als die andere Kleidung. So sehen wir von den Menschen diese sich bewegenden Streifen und sie sehen wie Außerirdische aus.
11. ☑ Von der Linoleumoberfläche wird die Figur in alle Richtungen reflektiert.
    ☑ Von der Fliesenoberfläche wird die Figur nur in eine Richtung reflektiert.
    ☑ Die Linoleumoberfläche absorbiert das Licht stärker.
12. diffuse Reflexion

Hohl- und Wölbspiegel S. 33

1.

	Hohlspiegel	Wölbspiegel
nach außen gewölbt – konvex		x
nach innen gewölbt – konkav	x	
Bild ist verkleinert	x	x
Licht wird im Brennpunkt gesammelt	x	
Sichtfeld wird vergrößert	x	x

2. Hohlspiegel: Scheinwerfer, Sonnenofen, Rasierspiegel, Zahnarztspiegel
   Wölbspiegel: Weihnachtsbaumkugel, Schmuckperlen
3. a) In einem Hohlspiegel wird der Parallelstrahl zum Brennpunktstrahl reflektiert.
   b) In einem Hohlspiegel wird der Brennpunktstrahl zum Parallelstrahl reflektiert.
   c) In einem Hohlspiegel wird der Mittelpunktstrahl zum Mittelpunktstrahl reflektiert.

4.

5.

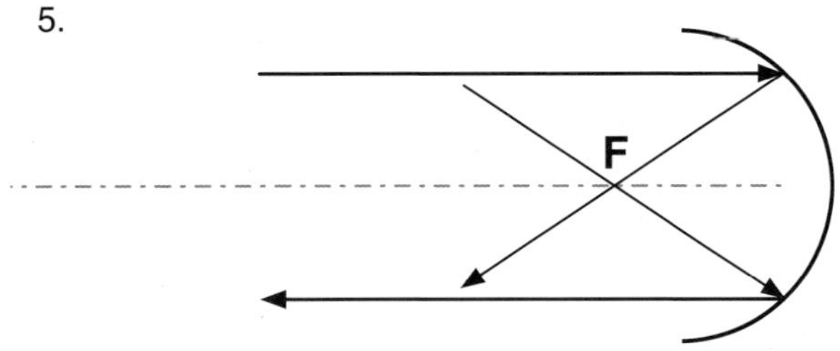

Vorteil: Es wird ein paralleles Lichtbündel erzeugt.

6. Das Licht der Sonne wird von den Fangspiegeln in den sehr großen Hohlspiegel reflektiert. Genau im Brennpunkt des Hohlspiegels befindet sich der Absorber. Das Licht, das auf den Hohlspiegel trifft, wird genau in den Brennpunkt zu diesem Absorber reflektiert. Aufgrund des gewaltigen Größenunterschiedes zwischen Hohlspiegel und Absorber wird sehr viel Energie in diesem Punkt gebündelt und der Sonnenofen kann sehr hohe Temperaturen erzeugen.

Archimedes und die römische Flotte S. 35

a) Syrakus war die größte und mächtigste Stadt sowie das kulturelle Zentrum – damit verbunden ist der Wohlstand der dort lebenden Menschen und die Bereitschaft der Bürger sich für ihre Stadt einzusetzen.
   Archimedes wurde von den Bürgern aufgrund seiner vielen technischen Erfindungen für die Menschen in Syrakus geachtet – sie vertrauten ihm.
b) Eine Kanone ist ein Geschütz mit einem langen Rohr, mit der man ein Geschoss abfeuern kann. Bei einer Strahlenkanone wären die Strahlen das Geschoss. Bei der hier verwendeten Waffe wurden jedoch die Sonnenstrahlen in einen Punkt reflektiert und nicht abgefeuert. Die Bezeichnung „Strahlenkanone" ist physikalisch nicht richtig.
c) Skizze Kampfaufstellung
d) in den Brennpunkt

Anke Ganzer: Physik I – kompetenzorientierte Aufgaben
© Persen Verlag

Brechung des Lichtes S. 36

1.

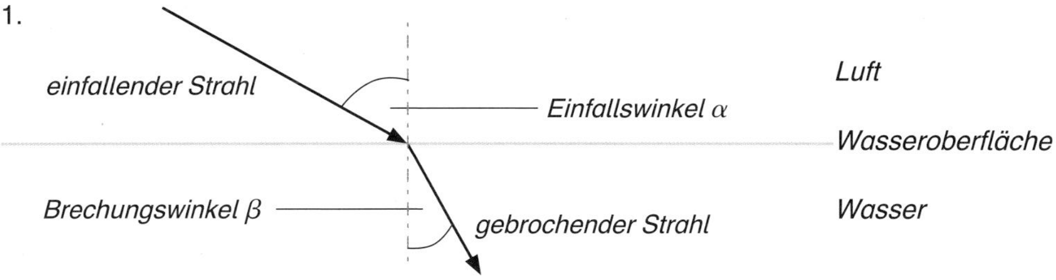

Beim Übergang von Luft in Wasser wird ein Lichtstrahl zum Lot hin gebrochen, der Einfallswinkel ist größer als der Brechungswinkel. Einfallender Strahl, gebrochener Strahl und Einfallslot liegen in einer Ebene. Kurz: $\alpha > \beta$

2. a)

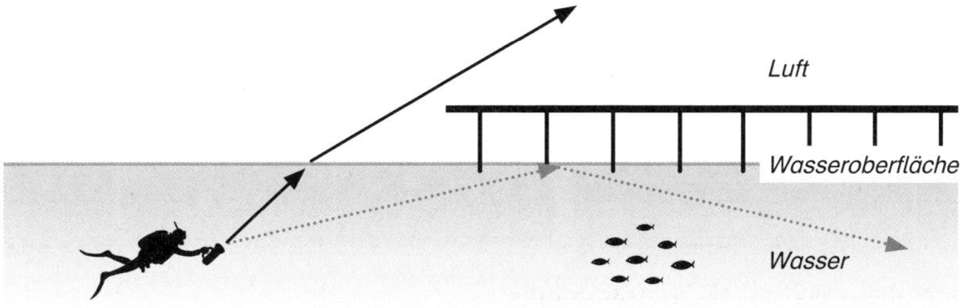

b) Man leuchtet mit der Lampe so in das Wasser hinein, wie der Lichtstrahl des Tauchers heraustritt, da der Lichtweg umkehrbar ist.
c) Eine Totalreflexion des Lichtes kann man beobachten.
d) gestrichelte Linie

3. A

4.

	Reflexion	Brechung
Lupe		x
Schaufensterscheibe	x	x
Weihnachtsbaumkugel	x	
Mikroskop		x
Kosmetikspiegel	x	
Löffel	x	
Brille		x

5. a) Das Bild des Menschen wird vergrößert, weil das Licht durch das Wasser im Glas gebrochen wird.
   b) Auf dem Bild winkt der Mensch mit dem linken Arm. Das Bild sieht man spiegelverkehrt.

Strahlenverlauf durch Linsen S. 38

1.

Sammellinsen	Zerstreuungslinsen
	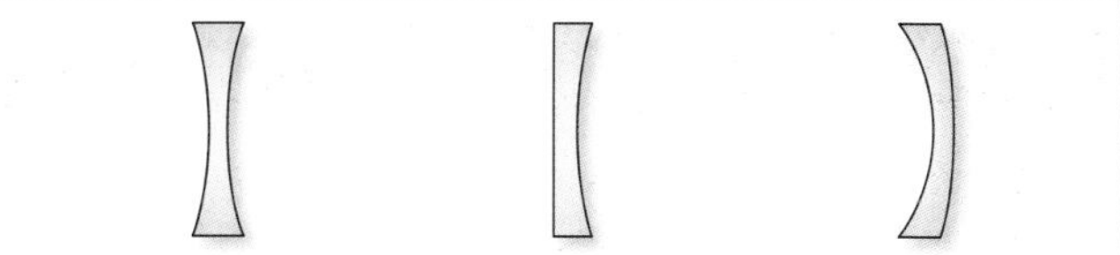

2.

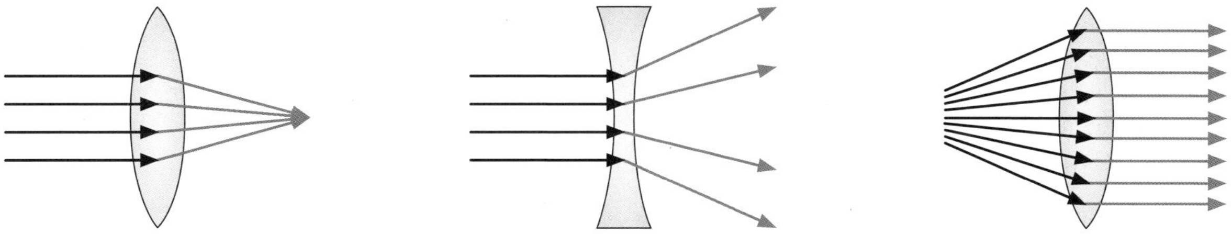

© Persen Verlag

3. a)

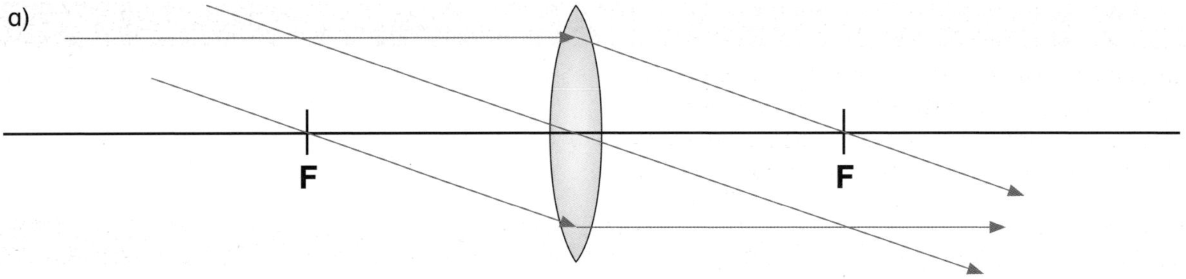

b) Parallelstrahlen werden zu Brennpunktstrahlen gebrochen. Brennpunktstrahlen werden zu Parallelstrahlen gebrochen. Mittelpunktstrahlen ändern ihre Richtung nicht.

4.

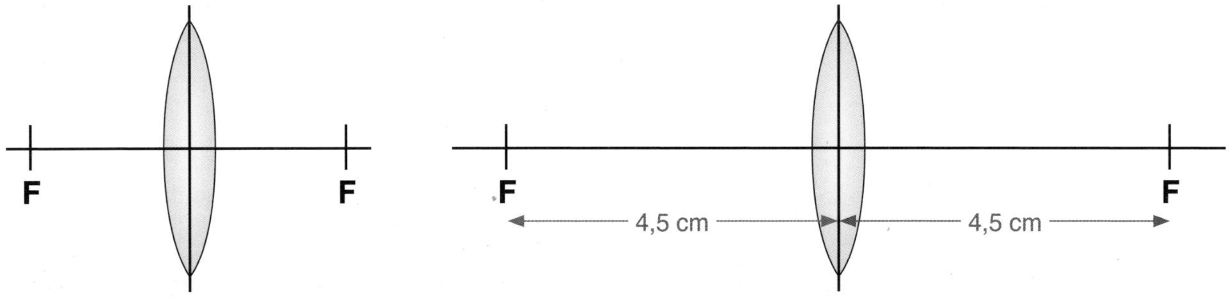

Bildentstehung an Sammellinsen S. 39

1.

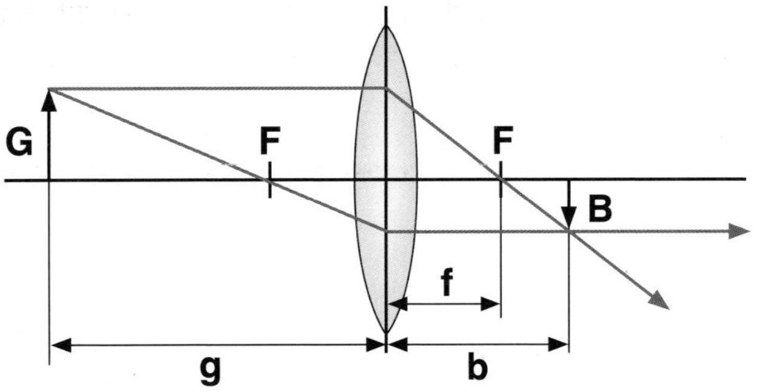

2. 1 – verkleinert, auf dem Kopf, seitenverkehrt, reell;
2 – gleich groß, auf dem Kopf, seitenverkehrt, reell;
3 – vergrößert, auf dem Kopf, seitenverkehrt, reell;
4 – kein Bild;
5 – vergrößert, aufrecht, nicht seitenverkehrt, virtuell = Lupe

Die Bildeigenschaften sind von der Lage des Gegenstandes zum *Brennpunkt* abhängig.

2.

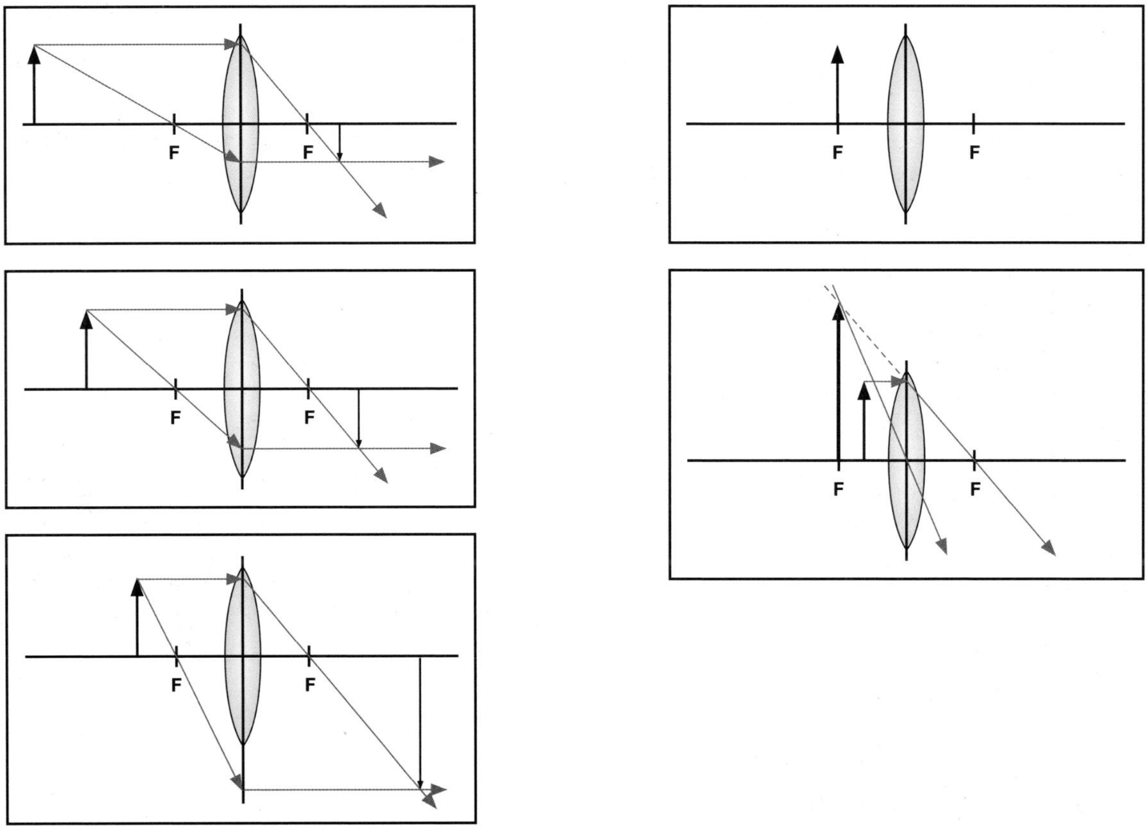

Anke Ganzer: Physik I – kompetenzorientierte Aufgaben
© Persen Verlag

Lösungen/Physik – Optik

Optische Geräte S. 41

1. a) Lochkamera: verkleinert, auf dem Kopf, seitenverkehrt, reell
   b) Auge: verkleinert, auf dem Kopf, seitenverkehrt, reell
   c) Fotoapparat: verkleinert, auf dem Kopf, seitenverkehrt, reell
   d) Projektor: vergrößert, auf dem Kopf, seitenverkehrt, reell

Lernzielkontrolle S. 42

1. Trifft ein Lichtstrahl auf Glas oder Wasser, so wird er, *gebrochen*. Das können wir z. B. beobachten bei *einem Löffel im Glas*. Trifft das Licht auf einen Spiegel, wird es *reflektiert*. Diese Eigenschaften verwenden wir in vielen optischen Geräten zum Beispiel: *Mikroskop* oder *Fotoapparat*.
2.

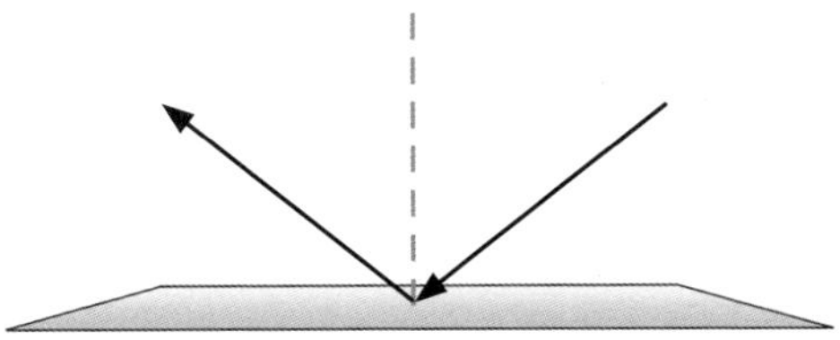

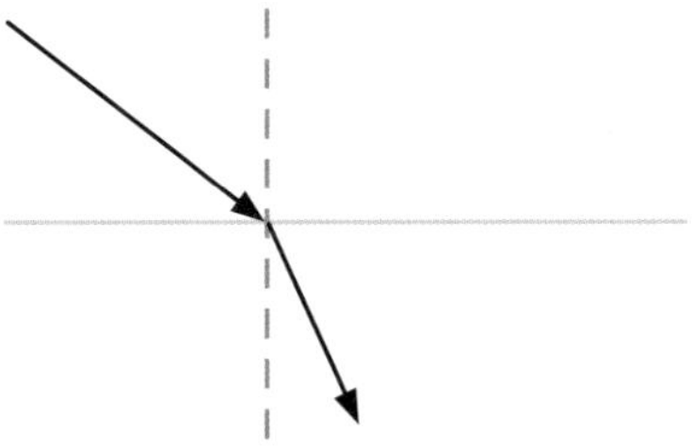

Reflexionsgesetz: Einfallswinkel α und der Reflexionswinkel α' sind gleich groß. Einfallender Strahl, reflektierter Strahl und Einfallslot liegen in einer Ebene.

Der Winkel vergrößert sich um 20°.

Brechungsgesetz: Beim Übergang von Luft in Wasser wird ein Lichtstrahl zum Lot hin gebrochen, der Einfallswinkel ist größer als der Brechungswinkel $\alpha > \beta$. Einfallender Strahl, gebrochener Strahl und Einfallslot liegen in einer Ebene.

3. Die Reflektoren werfen das Licht viel besser zurück als die Kleidung. Die Kinder werden dadurch besser von anderen Verkehrsteilnehmern gesehen.
4. 1) richtig, 2) falsch, 3) falsch

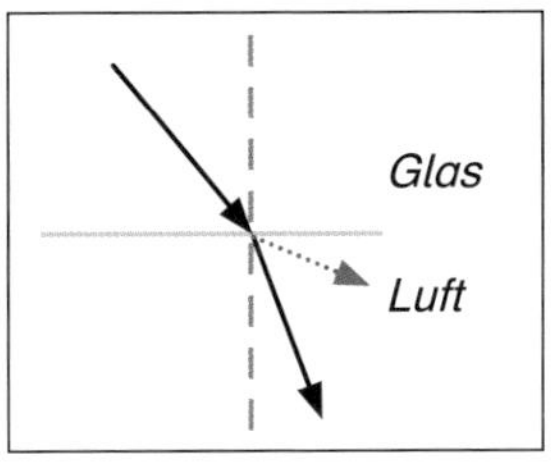

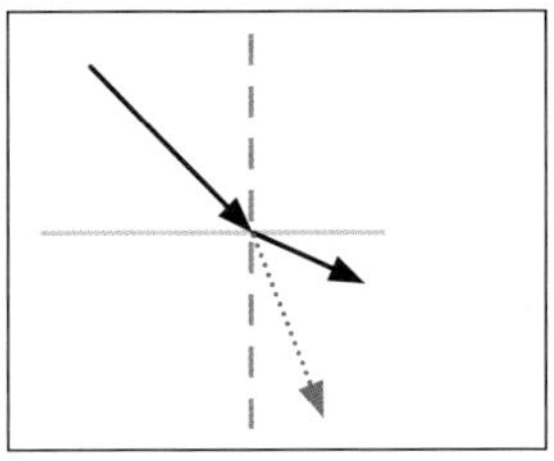

5. a)

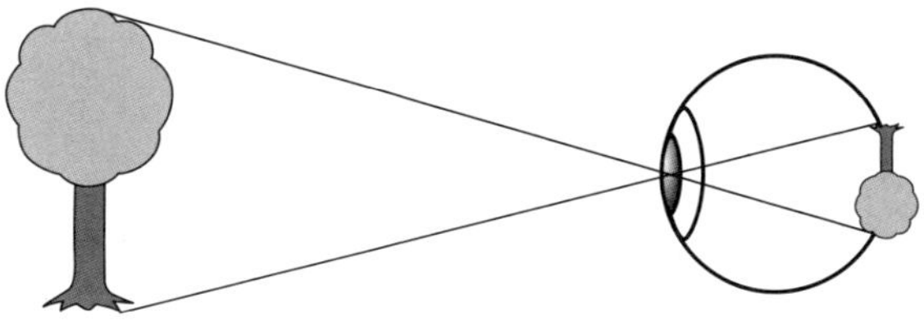

b) Über den Sehnerv gelangt das Bild in das Gehirn. Aufgrund unserer Erfahrung wird dort das Bild auf die Füße gestellt und wir nehmen alles richtig herum wahr.

c)

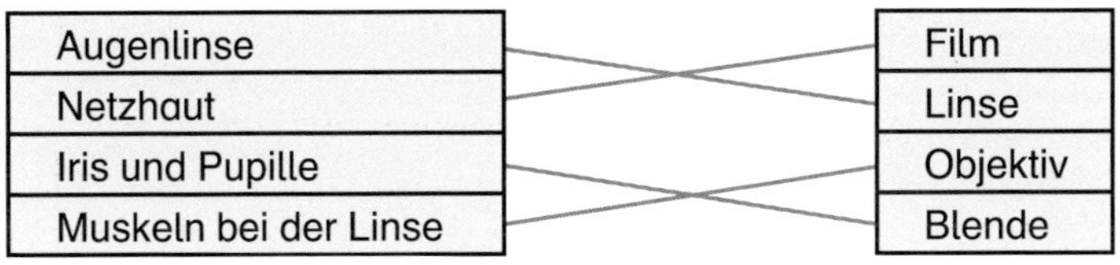

6. Ja, das ist richtig. Trifft ein Lichtbündel senkrecht auf den Glaskörper wird er nicht gebrochen.
7. a) wahr; b) falsch; c) falsch; d) wahr
   Die *Gegenstandsweite* ist der Abstand des *Gegenstandes* von der *Linsenebene*.
   Die *Bildweite* ist der Abstand des *Bildes* von der *Linsenebene*.

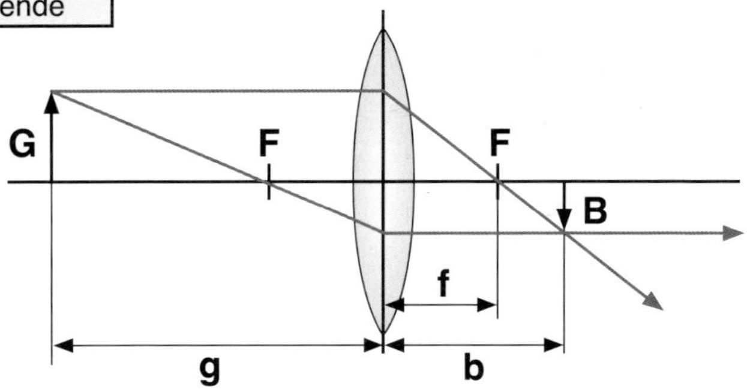

© Persen Verlag

Eigenschaften von Körpern S. 44

1.

Aussage	trifft auf alle Körper zu	trifft nur auf wenige Körper zu
Ein Körper besteht aus mindestens einem Stoff.	x	
Ein Körper ist flüssig.		x
Zwischen den Teilchen eines Körpers wirken Kräfte.	x	
Ein Körper leitet die Wärme.		x
Ein Körper ist bunt.		x
Ein Körper nimmt einen Raum ein.	x	
Liegt ein Körper auf einer Balkenwaage, so neigt sie sich zu einer Seite.	x	
Ein Körper zieht andere Körper aus Eisen an.		x

2. a) Alle Körper bestehen aus Stoffen. / Alle Körper nehmen einen Raum ein. / Alle Körper haben eine Masse. / Alle Stoffe bestehen aus Teilchen.
   b) Körper können die Wärme leiten. / Körper können magnetisch sein. / Körper können bunt sein. / Körper können Strom leiten. / Körper können fest, flüssig oder gasförmig sein.
3. **Körper:** Stuhl, Wasserflasche, Telefon / **Stoff:** Holz, Eisen, Wasser, Kohlendioxid
   Körper sind Gegenstände aus unserer Umgebung. / Stoffe sind alle Materialien, aus denen die Körper bestehen.

Aufbau der Stoffe aus Teilchen S. 45

1. Das Teilchenmodell ist eine vergrößerte Veranschaulichung vom Aufbau der Stoffe. Mit dem Teilchenmodell lassen sich viele physikalische Erscheinungen erklären. Natürlich sind die Teilchen keine Kreise oder Kugeln. Diese Vereinfachung verändert nicht die Eigenschaften der Teilchen.
2.

a)	Stuhl / Buch	Wasser / Öl	Luft / Helium
b)	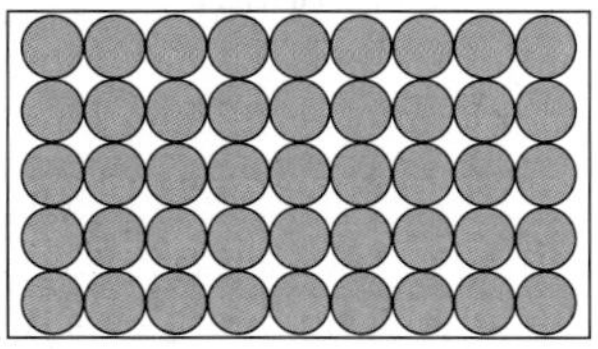	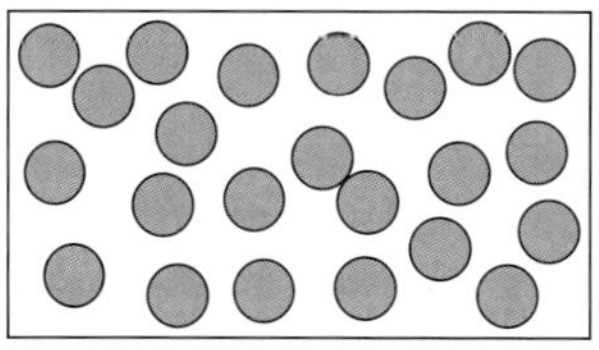	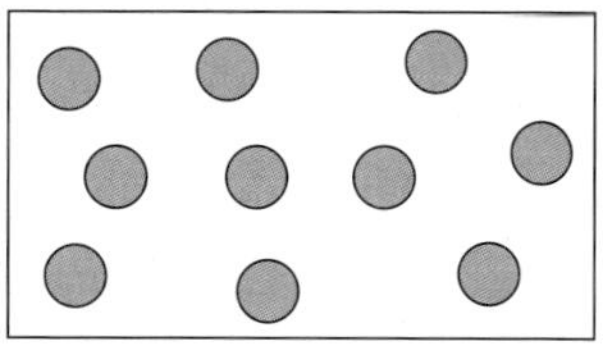
c)	Haben einen festen Platz und schwingen um diesen	Haben keinen festen Platz, bewegen sich unregelmäßig, durcheinander	Haben keinen festen Platz, bewegen sich frei im ganzen Raum
d)	Es wirken sehr starke Kräfte zwischen den Teilchen.	Es wirken starke Kräfte zwischen den Teilchen.	Es wirken kleine Kräfte zwischen den Teilchen.
e)	Form ist bestimmt.	Form ist veränderlich. Form passt sich dem Gefäß an.	Form ist veränderlich. Form passt sich dem Gefäß/Raum an.
f)	Volumen ist bestimmt. Sie lassen sich nicht zusammendrücken.	Volumen ist bestimmt. Sie lassen sich nicht zusammendrücken.	Volumen ist veränderlich. Sie lassen sich zusammendrücken.

Diffusion und Brownsche Bewegung S. 46

1.

Aussage	richtig	falsch	Die Aussage müsste richtig heißen:
Das Mischen von Teilchen verschiedener Stoffe heißt Diffusion.		x	*Das selbständige Durchmischen von ...*
Die unregelmäßige Bewegung sichtbarer Teilchen heißt Brownsche Bewegung.	x		
Diffusion und Brownsche Bewegung treten in allen Stoffen auf.		x	*Diffusion und Brownsche Bewegung treten in Flüssigkeiten und Gasen auf.*
Diffusion und Brownsche Bewegung bestimmen Form und Volumen der Stoffe.		x	*Diffusion und Brownsche Bewegung beeinflussen nicht die Form und das Volumen der Stoffe.*
Diffusion und Brownsche Bewegung sind experimentelle Beweise für den Aufbau der Stoffe aus Teilchen.	x		
Diffusion und Brownsche Bewegung sind experimentelle Beweise für die ständige Bewegung der Teilchen und deren Kräfte zwischen ihnen.	x		

Anke Ganzer: Physik I – kompetenzorientierte Aufgaben
© Persen Verlag

2. **Brownsche Bewegung:** Die winzigen Fetttröpchen der Milch wandern zickzackförmig durch die Milch.
Das Staubteilchen tanzt unregelmäßig durch das ganze Zimmer
Diffusion: Das Schaumbad verteilt sich ohne Rühren im ganzen Badewasser.
Das Parfüm riecht man im ganzen Raum.
3. a) Tristana wird ungesüßten Tee trinken. Damit der gesamte Tee süß schmeckt, muss sie die Tasse mehrere Tage stehen lassen.
b) Die Diffusion kann Tristana sehr schön sehen, wenn sie in ein Glas mit warmen Wasser ein paar Tropfen Tinte gibt.

Das Volumen von Körpern — S. 47

1. Das Volumen eines Körpers gibt an, wie viel *Raum* er einnimmt. Aus diesem Grund wird auch für das Volumen eines Körpers häufig das Wort *Rauminhalt* verwendet. Wir verwenden verschiedene Einheiten für das Volumen zum Beispiel *cm^3*, *dm^3*, *m^3*, *ml*, *l*, *hl*. Das Volumen von Flüssigkeiten messen wir mit einem *Messzylinder*.
2. Volumen eine Tasse: 250 ml; Volumen einer Salatschüssel: 2,5 l; Volumen eines Wassereimers: 10 l; Volumen eines Pools: 80 hl; Volumen einer Spritze: 15 ml
3. $V = a \cdot b \cdot c$ $V = 28\text{ cm} \cdot 12\text{ cm} \cdot 8\text{ cm}$ $V = 2688\text{ cm}^3$
4. Die Dichte bleibt gleich.
5. 1. Möglichkeit: a = 1 cm b = 8 cm c = 10 cm
2. Möglichkeit: a = 2 cm b = 2 cm c = 20 cm
6. $5{,}5\text{ m}^3 = 5500\text{ dm}^3 = 5\,500\,000\text{ cm}^3$
$45\,000\text{ mm}^3 = 45\text{ cm}^3 = 0{,}045\text{ dm}^3$
4 hl = 400 l = 400000 ml
$6{,}2\text{ l} = 6{,}2\text{ dm}^3 = 6200\text{ cm}^3$
$640\text{ cm}^3 = 0{,}64\text{ dm}^3 = 0{,}64\text{ l}$
7. a) Die Form passt sich dem Gefäß an, dabei bleibt das Volumen gleich.
➡ Falsche Aussage.
b) Die Dichte wird größer, das sich mehr Luft bei gleichem Volumen befindet.
➡ Richtige Aussage.
8. c) ☑ 750 ml = 7,5 l ➡ **750 ml = 0.75 l**

9. Überlaufverfahren oder Differenzverfahren

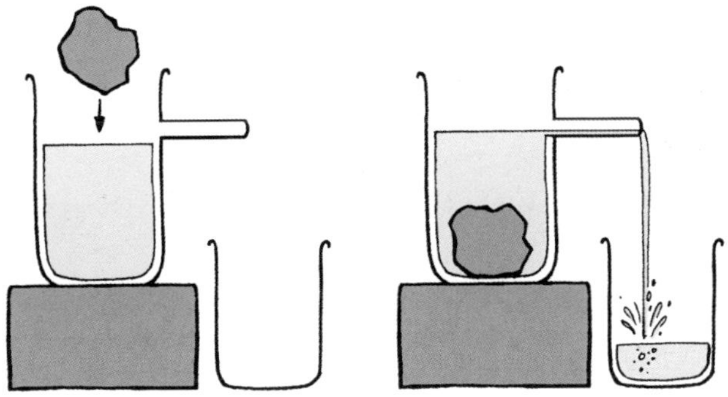

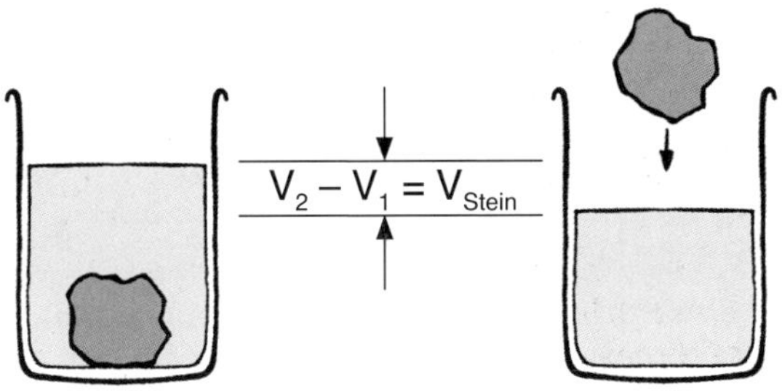

Volumen des Steins

10. a) 350 cm^3 b) 950 ml c) 150 l
11. Luisa und Nils können je einen Kürbis in ein mit Wasser gefülltes Gefäß vollständig eintauchen. Das übergelaufene Wasser fangen sie auf. Der Kürbis, bei dem am meisten Wasser übergelaufen ist, hat das größte Volumen.
12. 1 Nanoliter = ein Milliardstel Liter = 0,000000001 l = 0,000001 ml

Das Masse eines Körpers — S. 50

1. Die Masse eines Körpers gibt an, wie *schwer/träge* er ist. Wir verwenden verschiedene Einheiten für die Masse zum Beispiel *mg*, *g*, *kg*, *dt*, *t*. Die Masse der Körper bestimmen wir mit einer *Waage*. Die Masse eines Körpers ist auf der Erde und auf dem Mond *gleich*.
2. Brief ➡ Briefwaage / Kind ➡ Personenwaage / PKW ➡ Fahrzeugwaage
3. Gleich: die Masse, Form, Volumen, Farbe / Unterschiedlich: Die Gewichtskraft ist auf dem Mond geringer.
4. 250 g
5. Masse eines Apfels: 100 g; Masse eines Fußballs: 0,4 kg; Masse eines Elefanten: 35 dt; Masse eines Schulranzens: 8000 g; Masse eines Autos: 850 kg
6. 1 Megagramm = 1000000 Gramm = 1000 Kilogramm = 1 Tonne

© Persen Verlag

Lösungen/Physik – Mechanik

Das Dichte von Körpern S. 51

1. Zuerst könnte man den Holzwürfel und die Glasmurmel auf die Balkenwaage legen. Wahrscheinlich ist der Holzwürfel leichter, man ersetzt ihn durch den Stein. Wenn der Stein schwerer als die Glasmurmel ist, dann ergibt sich, dass der Stein die größte Dichte, die Glasmurmel die mittlere Dichte und der Holzwürfel die kleinste Dichte hat. Falls der Stein leichter als die Glasmurmel ist, hat die Glasmurmel die größte Dichte, der Stein die mittlere Dichte und der Holzwürfel die kleinste Dichte.
2. Bei gleich großem Volumen hat der Körper mit der *größeren* Masse die größere Dichte. Bei gleicher Masse hat der Körper mit dem *kleineren Volumen* die größere Dichte.
3. Masse = 1,5 kg Volumen = 80 cm^3 Dichte = 19,3 $\frac{g}{cm^3}$.
4. Volumen in cm^3 / Masse in g: *2 / 15,6; 10 / 78; 5 / 39; 50 / 390*
5. 2,7 g Aluminium hat ein Volumen von 1 cm^3. Oder: 1 cm^3 Aluminium hat eine Masse von 2,7 g.
6. m = 650 g V = 250 ml = 250 cm^3
   $\rho = \frac{m}{V}$ $\rho = 2{,}6\ \frac{g}{cm^3}$
7. $\rho = 19{,}3\ \frac{g}{cm^3}$ V = 4 dm^3 = 4000 cm^3
   $m = \rho \cdot V$ m = 77 200 g = 77,2 kg ➨Den Goldklumpen konnte Hans im Glück vermutlich nicht tragen.
8. Die Milch hat die größte Dichte und bleibt unten. Der Kaffe ist sehr heiß und hat eine kleinere Dichte als die Milch. Er schichtet sich auf die Milch. Der Milchschaum hat die kleinste Dichte und bleibt oben auf dem Kaffee.
9. Luft < Benzin < Wasser < Kupfer < Silber
   $1{,}29\ \frac{g}{cm^3}$ $\frac{0{,}68 - 0{,}72\ g}{cm^3}$ $1\ \frac{g}{cm^3}$ $8{,}96\ \frac{g}{cm^3}$ $10{,}5\ \frac{g}{cm^3}$

Heureka – ich habe es gefunden! S. 53

a) Archimedes nahm reines Gold mit der gleichen Masse wie die Krone. Die Massen zu vergleichen ist mit einer Balkenwaage leicht. Anschließend bestimmte er mit dem Überlaufverfahren jeweils die Volumina und verglich sie. Das Volumen der Krone war größer als die des reinen Goldes, folglich bestand die Krone nicht aus reinem Gold.
b) Das Verhältnis aus Masse und Volumen ergibt die Dichte eines bestimmten Stoffes. Reines Gold hat eine fest bestimmte Dichte. Zwei Körper aus reinem Gold mit gleicher Masse haben folglich auch das gleiche Volumen. Ist das nicht der Fall, so ist die Dichte unterschiedlich und die Körper bestehen nicht aus demselben Stoff.
c) Silberlöffel: 94,5 g Aluminiumlöffel: 24,3 g

Lernzielkontrolle S. 54

1. Körper sind *Gegenstände aus unserer Umgebung*. Sie kommen in drei Aggregatzuständen vor: *fest, flüssig* und *gasförmig*. Eine bestimmte Form haben nur die *festen* Körper. Zusammendrücken kann man nur die *Gase*, denn sie haben ein *veränderliches* Volumen. Auf der Erde und auf dem Mond haben alle Körper die gleiche *Masse*.
2. Alle drei Körper bestehen aus Stoffen, nehmen einen Raum ein und haben eine Masse. Sie unterscheiden sich in ihrem Aggregatzustand, in der Form, Farbe, der Wärmeleitfähigkeit, der Dichte ...
3.

Aggregatzustand	*gasförmig*	*fest*	*flüssig*
Beispiel	*Sauerstoff*	*Holz*	*Wasser*
Aufbau	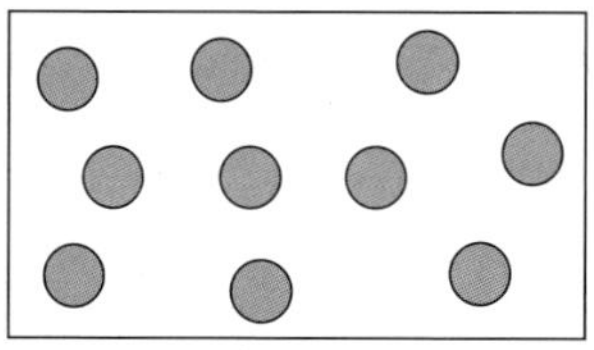	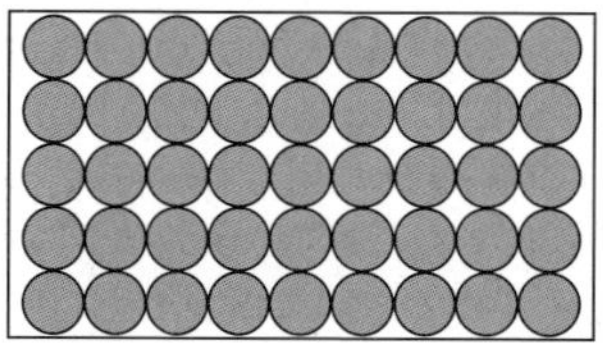	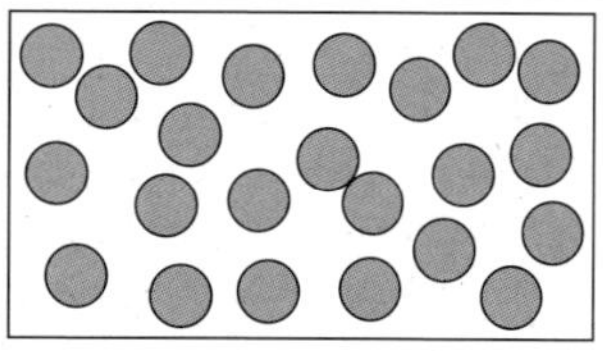
Bewegung der Teilchen	*frei im ganzen Raum*	*Sie schwingen um einen festen Platz.*	*unregelmäßig, durcheinander*

4 a) wahre Aussage
b) Falsche Aussage, die Dichte bleibt gleich.
5. a) $V = a^3$ V = 8 cm^3
b) $m = \rho \cdot V$ m = 154,4 g
Die berechnete Masse stimmt nicht mit der Masse von 120 g überein, der Würfel ist nicht aus reinem Gold.
6. Bei gleicher Masse... ☑ hat Holz das größere Volumen.
Holz hat eine geringere Dichte. Um genauso schwer zu sein wie der Stahl, muss es ein größeres Volumen haben.
7. a) und c)

Anke Ganzer: Physik I – kompetenzorientierte Aufgaben
© Persen Verlag

Die Bewegung eines Körpers S. 56

1. Alle Körper bewegen sich relativ gegenüber einem *Bezugskörper*. Die Inlinefahrerin bewegt sich relativ gegenüber *der Straße*. Sie befindet sich in Ruhe gegenüber *der Hose*.
2. Marco kann ohne einen weiteren Bezugskörper nicht sagen, ob sein Zug fährt oder der Zug auf dem Nachbargleis. Fährt der zweite Zug los, so bemerkt er eine Ortsveränderung gegenüber dem Zug. Er bewegt sich folglich gegenüber diesem Zug, jedoch nicht gegenüber der Umwelt.
3. Kreisbewegung, Schwingung, geradlinige Bewegung
4. **gleichförmige Bewegung:** Rolltreppe, Förderband auf dem Flughafen; **beschleunigte Bewegung:** Raketenstart, Anfahren einer Lok; **verzögerte Bewegung:** Flugzeuglandung, Anhalten einer Lok

Die gleichförmige Bewegung S. 57

1. Unter einer gleichförmigen Bewegung verstehen wir die Bewegung bei konstanter *Geschwindigkeit*, zum Beispiel *eine Rolltreppe*. Bewegt sich ein Körper gleichförmig, so legt er in der doppelten Zeit auch den *doppelten* Weg zurück. Für die Hälfte des Weges benötigt er die *Hälfte* der Zeit.
2. a) Ein Auto kann immer die gleich Strecke zurücklegen, ohne die gleiche Zeit zu benötigen. Diese Aussage ist falsch.
   b) wahre Aussage
3. Wenn man bei gleicher Geschwindigkeit doppelt so lange fährt, dann ist der Weg ☑ doppelt so lang.
   Wenn man den doppelten Weg in gleicher Zeit fährt, dann ist die Geschwindigkeit ☑ doppelt so groß.
4. Weg in m / Zeit in s: 35 / 5; 70 / 10; 210 / 30; 700 / 100

Arbeit mit Diagrammen S. 58

1. a) Zeit in s / Weg in m:
   0 / 0; 1 / 0,5; 2 / 1; 4 / 2; 10 / 5
   b) Weg-Zeit-Diagramm

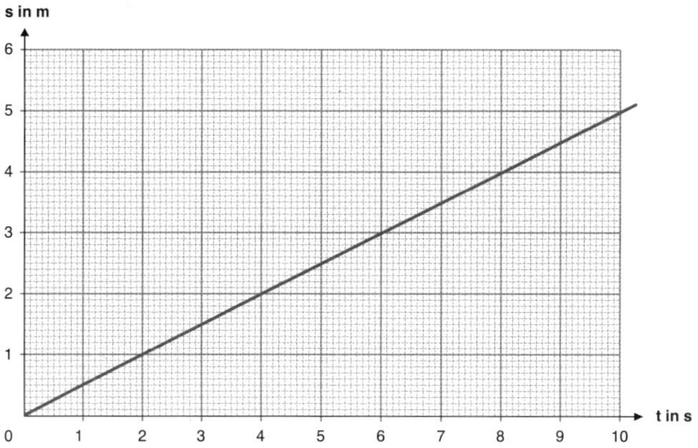

   c) 10 Meter
   d) 30 Sekunden
   e) Beide werden während ihrer Messungen Fehler gemacht haben, die zu den Abweichungen führten.
   d) Stimmt.
   Begründung: Die Rolltreppe in Berlin hat eine Geschwindigkeit von 0,8 $\frac{m}{s}$. Oder: Die Rolltreppe in Berlin legt in 20 Sekunden 25 Meter zurück, Marvins uns Marcos Rolltreppe legte in 20 Sekunden 10 Meter zurück.

2. a) Weg-Zeit-Diagramm
   b) Zeit in s / Weg in m: 0 / 0; 20 / 100; 30 / 150; 40 / 200; 60 / 300; 70 / 350; 80 / 400
   c) 0 s bis 30 s = 150 m; 30 s bis 60 s = 150 m; 60 s bis 90 s = 150 m
   d) 200 s = 3 min 20 s, 1500 m
   e) ☑ In der doppelten Zeit ist der Sportler doppelt so weit gelaufen.
   ☑ Der Sportler läuft immer gleich schnell.
   ☑ Der Sportler bewegt sich gleichförmig.
   f) Geschwindigkeit: $5\ \frac{m}{s} = 18\ \frac{km}{h}$; $V = \frac{s}{t}$; $V = \frac{100\ m}{20\ s}$

Lernzielkontrolle S. 60

1. Der Leopard bewegt sich gegenüber der *Landschaft*. Wir unterscheiden 3 Bewegungsarten: die *gleichförmige*, die *beschleunigte* und die *verzögerte* Bewegung. Der Start einer Rakete ist eine *beschleunigte Bewegung*.
2. a) 160 km
   b) 30 Minuten = $\frac{1}{2}$ Stunde
   c) Um pünktlich zur Arbeit zu gelangen, müsste sie doppelt so schnell fahren also 160 $\frac{km}{h}$. Das wäre auf der Landstraße zu gefährlich und ist auch nicht erlaubt. Sie schafft es nicht pünktlich zu ihrer Arbeit.

3. a) Weg-Zeit-Diagramm
   b) t in s / s in m: 0 / 0; 4 / 30; 8 / 60; 6 / 45
   c) 450 m
   d) 40 s
   e) $7{,}5\,\frac{m}{s} = 27\,\frac{km}{h}$; $V = \frac{s}{t}$; $V = \frac{30\,m}{4\,s}$
   f) Tobias muss eine Strecke festlegen, zum Beispiel 100 m. Anschließend muss er die Zeit messen, die das Auto für eine Fahrt dieser Strecke benötigt. Diese Messung sollte er mehrmals wiederholen und einen Mittelwert berechnen. Für eine exakte Messung wäre auch die Hilfe eines Freundes gut. Zum Schluss teilt er den Weg durch den Mittelwert der Zeit und erhält die Durchschnittsgeschwindigkeit des Autos.
   g) Der Graph verläuft steiler.

Adhäsion und Kohäsion S. 62

1. Kohäsionskräfte, sind die Kräfte zwischen den Teilchen *eines Stoffes*. Adhäsionskräfte, sind die Kräfte zwischen den Teilchen *verschiedener Stoffe*.
2. Kohäsionskräfte wirken zwischen den Teilchen der Wassertropfen.
   Adhäsionskräfte wirken zwischen den Teilchen des Wassertropfens und der Pflanze.
3. Die Gewichtskraft des Stückchen Kreide ist größer als die Adhäsionskräfte zwischen den kleinen Teilchen der Kreide und der Tafel.
4. Die Kohäsionskräfte zwischen den Papierteilchen sind viel kleiner als zwischen den Holzteilchen.
5. a) Seil einer Schaukel: Kohäsion; b) das aufgeklebte Bild: Adhäsionskräfte; c) ein Schmutzfleck an der Hose: Adhäsionskräfte; d) eine Fliege läuft die Wand hoch: Adhäsionskräfte
6. Zwischen dem Wasser und der Zylinderwand wirken Adhäsionskräfte, sodass das Wasser am Rand etwas höher ist als in der Mitte der Flüssigkeit. Beim Ablesen des Messwertes müssen wir stets in Höhe der Oberfläche auf die Skala blicken.

Kapillarität S. 63

1. Ohne die Kapillarität im Erdboden würden die Pflanzen schlechter mit Wasser und gelösten Nährstoffen versorgt werden. Die Lockerung des Bodens wirkt sich positiv für die Versorgung der Pflanze aus und für dessen Wachstum. Die Kapillarität in der Pflanze ist ebenfalls lebensnotwendig. Die Pflanze transportiert so bis in das entlegenste Blatt das Wasser und die Nährstoffe.
2.

Beispiel	erwünscht	unerwünscht	Maßnahmen
Landwirtschaft	x		Lockerung des Bodens
Schreibpapier		x	glatte Oberfläche
Wohnhäuser		x	Einbau einer Sperrschicht
Schnittblumen	x		Anschneiden des Stängels
Holzpfosten		x	Schutz mit wasserabweisenden Lasuren

3. Das Zeitungspapier hat sehr viele kleine Kapillare. So saugt das Zeitungspapier schon viel Wasser aus dem Inneren des Schuhs. Wenn sie dann das nasse Papier herausnimmt und die Schuhe neben der Heizung stehen lässt, so werden ihre Schuhe schneller trocken sein.

4.

Vermutung:
Löschpapier saugt am meisten Wasser auf, Schreibpapier am wenigsten.

Versuchsergebnis:
Küchen-, Toiletten- und Löschpapier saugen am meisten Wasser auf, Taschentuch mittel, Schreibpapier am wenigsten.

Anke Ganzer: Physik I – kompetenzorientierte Aufgaben
© Persen Verlag

Schallquellen und Schallausbreitung S. 64

1. Schall ist alles, was man *hören* kann. Schall wird erzeugt von Körpern, die *schwingen*. Körper, die Schall erzeugen, heißen *Schallquellen*, zum Beispiel *die Glocke (individuelle Angaben)* oder *die Gitarrensaite (individuelle Angaben)*.
2.

Aussage	richtig	falsch	Die Aussage müsste richtig heißen:
Damit sich der Schall ausbreiten, sind Teilchen notwendig.	x		
Schall breitet sich überall gleich schnell aus.		x	Schall breitet sich in den Stoffen unterschiedlich schnell aus.
Trifft Schall auf eine Wand, so ändert er seine Richtung.	x		
Der Schall breitet sich immer geradlinig aus.		x	Die Richtung des Schalls kann sich ändern. Er kann reflektiert und gebrochen werden.
Schall ist schneller als Licht.		x	Schallgeschwindigkeit ca. 340 $\frac{m}{s}$ ist viel kleiner als die Lichtgeschwindigkeit ca. 300 000 $\frac{km}{s}$.

3. a) $s = v \cdot t$ $s = 340\,\frac{m}{s} \cdot 12\,s$ $s = 4080m$ ca. 4 km
   b) $t = \frac{s}{v}$ $t = \frac{15000\,m}{340\,\frac{m}{s}}$ $t = 44{,}1\,s$
   c) Multipliziere die Sekunden zwischen Blitz und Donner mit 300 und man erhält die Entfernung des Gewitters in Metern.
4. Der Schall der Explosion breitet sich im Stollen mit 3000–4000 Meter je Sekunde aus und in der Luft über Tage nur mit 340 Metern je Sekunde. Folglich gelangen die Schallwellen deutlich früher zu den Bergleuten unter Tage als zu dem Kollegen oben. Beim Telefonieren hören die Bergleute die sich in der Luft langsam ausgebreiteten Schallwellen der Explosion.
5. a)

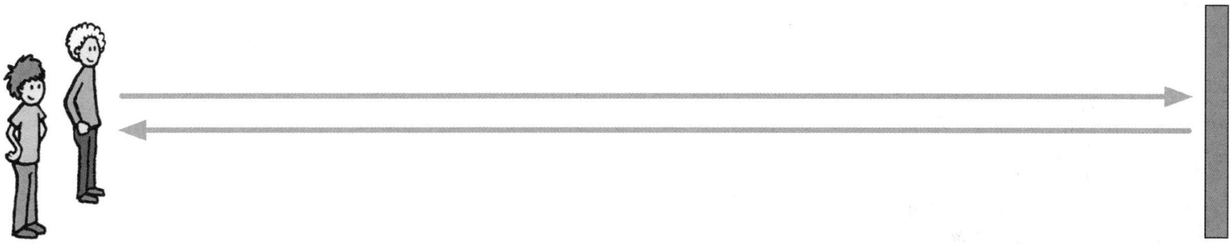

   b) $s = v \cdot t$ $s = 340\,\frac{m}{s} \cdot 1{,}5\,s$ $s = 510\,m$
   c) Die Schallgeschwindigkeit ist in dem Experiment konstant. Der Schall von Tom benötigt die gleiche Zeit für die Strecke, wie der von Til, folglich hat er 4 Sekunden später gerufen.
6. In dem Stahl der Eisenbahnschienen breitet sich der Schall mit ca. 6000 $\frac{m}{s}$ aus. Der Indianer hört so die Eisenbahn deutlich früher.
7. Durch die gebogenen Wände wird der Schall zur gegenüberliegenden Seite reflektiert. Da die Wand ebenfalls gekrümmte ist, wird der Schall an den innen liegenden Rand der Galerie fokussiert. Folglich kann man die geflüsterten Worte auf der gegenüberliegenden Seite gut verstehen.

Call me S. 67

1. Antonio Meucci, Philipp Reis, Alexander Graham Bell, Elisha Gray
   Da Alexander Graham Bell zwei Stunden früher sein Patent angemeldet hatte als Elisha Gray und den Rechtsstreit gewann, gilt er als Erfinder des Telefons.
2. Die Membran auf dem Schalltrichter beginnt durch den auftreffenden Schall zu schwingen und überträgt die Bewegung auf den Platinstreifen. Dieser unterbricht einen Stromkreis. In dem befindet sich beim Empfänger eine Kupferspule, die bei Unterbrechung des Stromflusses eine kleine Nadel hin und her bewegt. So klopft die Nadel wieder gegen eine Membran, diese versetzt die Luft in Schwingung und ein Holztrichter verstärkt die Schwingungen. Der Schall ist beim Empfänger zu hören.
3. Es mussten Telefonleitungen in der ganzen Welt verlegt werden und Telefonzentralen eingerichtet werden, die die Telefonate vermittelten. Zuerst gab es sehr viele öffentliche Telefonhäuschen oder Telefonämter. Später wurden Satelliten gebaut und in eine Umlaufbahn der Erde geschossen. Die gegründeten Telefongesellschaften schufen die technischen Voraussetzungen und bieten heute den Kunden die verschiedensten Verträge an.
4. Büchsentelefon

© Persen Verlag

5. 80 Millionen SMS pro Tag mit je 20 Zeichen = 160 Millionen Zeichen
   2500 Zeichen pro A4-Blatt **64 000 A4-Seiten**
   1 Block Kopierpapier mit 500 Blatt ist ca. 5 cm hoch
   64 000 Seiten : 500 = 128 Blöcke Kopierpapier
   128 Blöcke je 5 cm = **640 cm = 6,40 m**

Die Temperatur S. 69

1. Die Temperatur eines Körpers gibt an, wie *warm* oder wie *kalt* er ist. Das Formelzeichen ist der griechische Buchstabe ϑ - *Theta*. Wir messen die Temperatur mit einem *Thermometer*. Es gibt verschiedene Temperatureinheiten, z.B *°C* und *°F*.
2. a) Martin berührte erst den kalten Schnee, anschließend das im Vergleich zum Schnee wärmere Leitungswasser. Antonia kommt aus dem warmen Zimmer und berührt dann das im Vergleich zum Wohnzimmer kältere Leitungswasser. Martin und Antonia empfinden die Temperatur unterschiedlich. Das Temperaturempfinden ist unzuverlässig.
   b) *Andere Beispiele*: Nach dem Duschen ist es kühl im Bad, einer hinzukommenden Person ist es viel zu warm im Bad.
3.

Körpertemperatur des Menschen	–74,1 °C
Oberfläche der Sonne	1600 °C
Absoluter Nullpunkt	–237,15 °C
Gasflamme	5700 °C
Temperatur am Nordpol	37 °C

4. a) –17 °C < 5 °C < 23 °C < 37 °C < 100 °C
   b) Tiefkühlschrank, Kühlschrank, Kinderzimmer, Mensch, siedendes Wasser

Temperaturskalen S. 70

1.

Temperatur in °F	77	95	50	68	176
Temperatur in °C	25	35	10	20	80

2.

Temperatur in K	100	310	293	873	253
Temperatur in °C	–173	37	20	600	–20

3. Celsiusskala Fahrenheitskala Kelvinskala

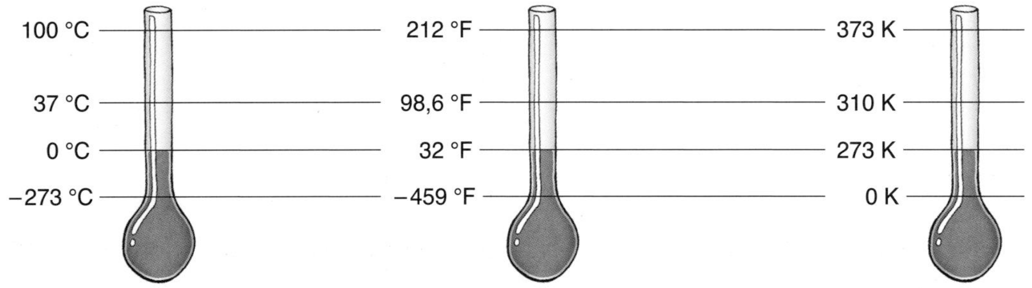

Temperaturmessung S. 71

1. ① Fieberthermometer / für Menschen und Tiere / ± 0,1 °C / 33 °C – 44 °C
   ② Laborthermometer / für Experimente / ± 1 °C / –5 °C – 100 °C
   ③ Galileothermometer / im Wohnbereich / ± 1 °C / 18 °C – 26 °C
   ④ Haushaltsthermometer / im Wohnbereich oder Kühlschränken / ± 2 °C / –50 °C – 50 °C
   ⑤ Saunathermometer / in der Sauna / ± 1 °C / 20 °C – 120 °C
   ⑥ Badethermometer / im Badewasser / ± 0,5 °C / 0 °C – 50 °C

© Persen Verlag

2. **Verwendung**: im Wohnbereich
   Genauigkeit: Da die Bestimmung der Fixpunkte im Schülerexperiment wahrscheinlich nur ungenau festgelegt werden konnte, wird folglich das Messen der Temperatur ungenau sein.
   Hier bietet sich eine Diskussion mit den Schülern an.
   Messbereich: ungefähr von 4 °C – 100 °C, Beachtung der Anomalie des Wassers

Die Geschichte der Temperaturmessung — S. 72

1. Flüssigkeiten dehnen sich beim Erwärmen aus und ziehen sich beim Abkühlen zusammen.
2. Da Wasser bei 0 °C gefriert und bei 100 °C siedet, ist der Messbereich stark eingeschränkt. Hinzu kommt, dass Wasser sich beim Abkühlen unter 4 °C wieder ausdehnt – Anomalie des Wassers. Die Temperaturbestimmung zwischen 4 °C und 0 °C wäre folglich (wenn überhaupt) nur sehr umständlich möglich.
3. Bild:

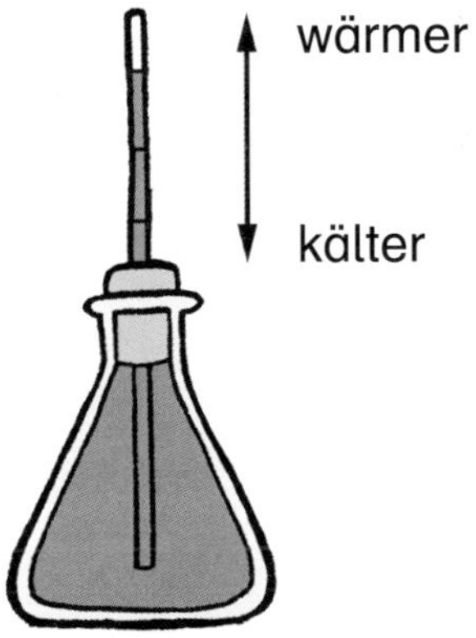

4. Die Messung der Temperatur ist in Wohnräumen und im Außenbereich bei Temperaturen über 4 °C möglich.

Arbeit mit Diagrammen — S. 73

1. a) und d) gestrichelte Kurve

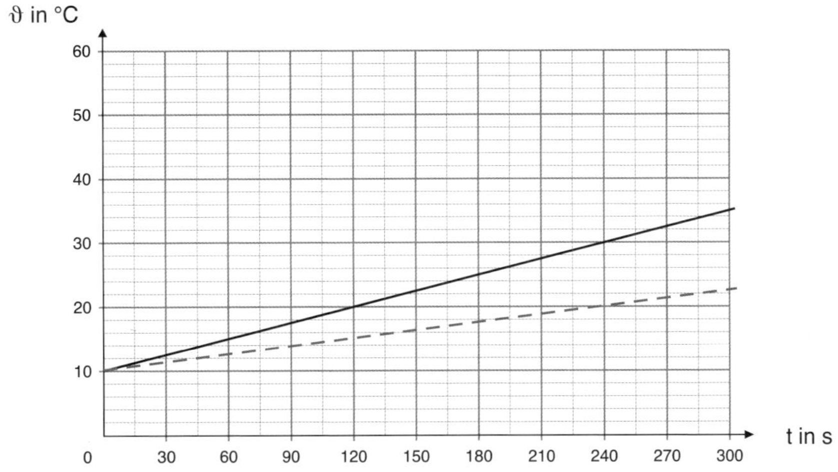

   b) Die Temperaturänderung von 10 °C auf 20 °C dauert doppelt so lange wie dieTemperaturänderung von 10 °C auf 15 °C oder 25 °C auf 30 °C.
   Die Temperaturänderung von 10 °C auf 20 °C dauert halb so lange wie die Temperaturänderung von 10 °C auf 30 °C oder 15 °C auf 35 °C.
   c) ☑ In der gleichen Zeit wird das Wasser nur halb so warm.
   ☑ Bei Erwärmung des Wassers auf die gleiche Temperatur dauert der Versuch doppelt so lang.
2. a) t in min / ϑ in °C: 0 / 20; 1 / 30; 3 / 50; 8 / 100; 4 / 60; 5 / 70; 8 – 12 / 100
   b) Während der Messung traten kleine Messfehler auf. Entweder hat Eduard die Zeit oder die Temperatur falsch bestimmt. Es könnte auch sein, dass Eduard den Topf verschob oder etwas Wasser hinzugegossen hat oder abschöpfte.
   c) Das Wasser siedete. Während des Siedens steigt die Temperatur nicht an.
   d) richtig, falsch (da Wasser nicht wärmer als 100 °C wird), richtig
   e) Die Hälfte des Wassers würde gleich warm werden, d. h. dieselbe Temperatur erreichen. Wasser wird nicht wärmer als 100 °C.

© Persen Verlag

Lernzielkontrolle S. 75

1. Die Temperatur gibt an, wie *warm* oder *kalt* ein Körper ist. Unser Temperaturempfinden ist *unzuverlässig*. Deshalb messen wir die Temperatur mit einem *Thermometer*. Anders Celsius legte auf seiner Skala zwei Fixpunkte fest: 1. Fixpunkt ist *die Schmelztemperatur des Wassers* und der 2. Fixpunkt ist *die Siedetemperatur des Wassers*.
2. a) –3 °C b) 52 K
   (Die Temperaturdifferenz wird physikalisch korrekt in Kelvin angegeben. Da jedoch häufig die Schülerinnen und Schüler diese Angabe erst später lernen, sind die Angaben in °C auch zu akzeptieren)
3. a) t in min / ϑ in °C: 0 / 14; 1 / 20; 2 / 26; 3 / 32; 4 / 38; 6 / 50
   b)

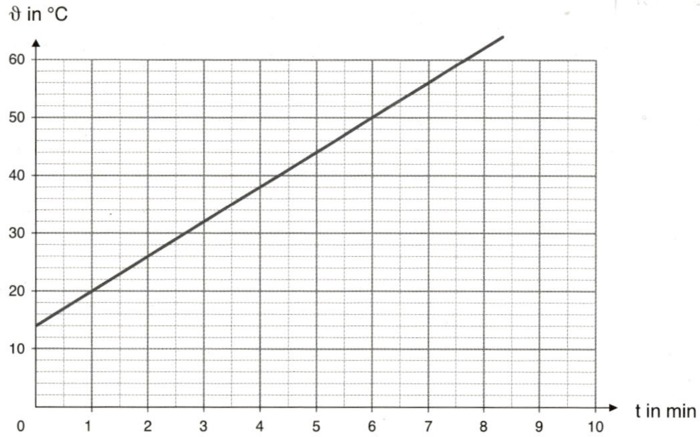

   c) Die Temperatur steigt in der gleichen Zeit nur halb so stark an. In einer Minute wird die Temperatur sich nur um 3 K ändern.

Ausdehnung von Körpern bei Temperaturänderungen S. 76

1.

Beispiel	erwünscht	unerwünscht	Maßnahmen
lange Rohrleitung		x	Lange Rohrleitungen werden in berechneten Abständen in Bögen verlegt.
Eisenbahnschienen		x	Eisenbahnschienen werden unterbrochen.
Bimetallthermometer	x		Längenänderung wird einer Temperaturskala angepasst.
Freileitungen		x	Freileitungen werden zwischen den Masten nicht straff montiert.
Fensterscheiben		x	Die Fensterscheiben werden in einem elastischem Gummirand oder Kit eingesetzt.

2. Die Schlussfolgerungen a), d) und e) können gezogen werden.
3. b) Gase dehnen sich beim Erwärmen aus, weil sich die Teilchen stärker bewegen.
4. a)

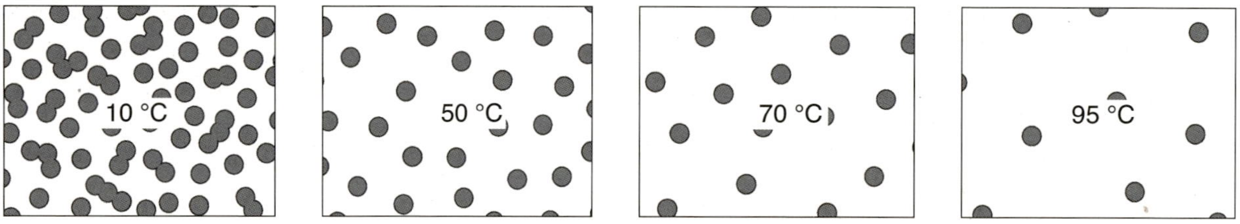

   b) TA_{10} °C < TA_{50} °C < TA_{70} °C < TA_{95} °C
   c) ρ 10 °C > ρ 50 °C > ρ 70 °C > ρ 95 °C
   d)

5. Der mit Aluminium beklebte Streifen biegt sich nach oben (wenn die Aluminiumseite erwärmt wird). Erklärung: Aluminium hat gegenüber Papier einen viel größeren Längenausdehnungskoeffizienten und dehnt sich beim Erwärmen mehr als Papier aus. Dieser Streifen verhält sich wie ein Bimetallstreifen.

Anke Ganzer: Physik I – kompetenzorientierte Aufgaben
© Persen Verlag

Besonderheiten des Wassers — S. 78

1. Wasser macht zwei Ausnahmen. Bei 4 °C hat Wasser die *größte* Dichte und das *kleinste* Volumen. Diese Eigenschaft heißt *Anomalie* des Wassers. Eine weitere Ausnahme zeigt Wasser beim weiteren Abkühlen und Erstarren, denn dann *dehnt sich* das Wasser oder Eis wieder aus.

2.

Aussage	richtig	falsch	Die Aussage müsste richtig heißen:
Wasser zieht sich bis 4 °C zusammen und unter 4 °C verändert es sich nicht mehr.		x	Wasser zieht sich bis 4 °C zusammen und unter 4 °C dehnt es sich wieder aus.
Wasser hat bei 4 °C das kleinste Volumen bei gleicher Masse.	x		
Das Wasser kann sich nicht zusammenziehen. Es dehnt sich immer aus.		x	Wasser zieht sich bei Abkühlung bis 4 °C zusammen. Schmilzt Eis, so zieht es sich bis 4 °C zusammen, erst darüber dehnt es sich aus.
Die Dichte des Wassers ist bei 4 °C am größten.	x		
Das Wasser dehnt sich über und unter 4 °C aus.	x		
Bei gleichem Volumen ist Wasser stets leichter als Eis.		x	Bei gleichem Volumen ist Wasser schwerer als Eis.

3. a) Beide Erklärungen von Moritz sind falsch.

b) Sommer — Winter

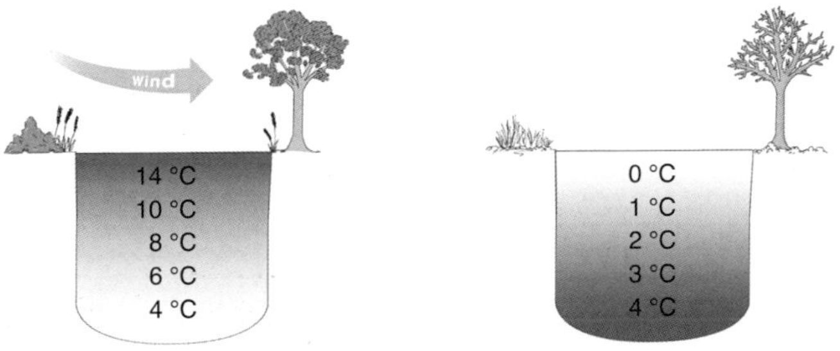

c) Kühlt sich im Winter das Wasser ab, so sinkt das 4 °C kalte Wasser aufgrund der höheren Dichte nach unten, so lange bis das Wasser im gesamten See eine Temperatur von 4 °C hat. Bei einer weiteren Abkühlung des Wassers wird die Dichte des Wassers kleiner, es schichtet sich oben drauf. Wird es noch kälter gefriert das obere Wasser zuerst zu Eis. Infolge dessen können die Pflanzen und Tieren im unteren Wasser überleben.

4. Im Herbst dringt in die Löcher und Ritzen der Straße Wasser ein. Dieses Wasser gefriert im Winter und dehnt sich sehr stark aus. Beim Ausdehnen wirken so starke Kräfte, dass die vorhanden Löcher und Ritzen noch größer werden. Taut im Frühjahr das Eis, werden alle Löcher sichtbar und für die Autofahrer spürbar. Die Straße muss saniert werden.
5. Das Wasser in der Erde auf den Feldern gefriert im Winter, dehnt sich dabei sehr stark aus und sprengt beim Ausdehnen die Erdklumpen auseinander. Taut im Frühjahr das Eis, so sind die großen Erdklumpen zerkleinert. Der Frost hat den Boden gelockert.
6. 15 °C — 10 °C — 4 °C — 1 °C — −5 °C

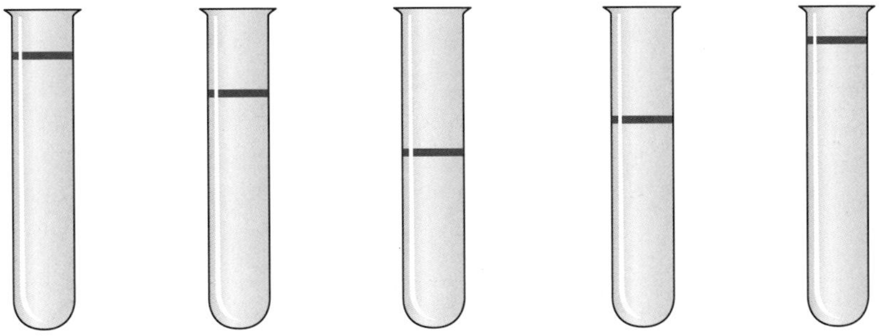

Wärmequellen — S. 80

1. a) Der Heizkörper hat eine *höhere* Temperatur als die Umgebung. Die Wärmequelle ist der *Heizkörper*.
   b) Die Eiswürfel haben eine *niedrigere* Temperatur als die Umgebung. Die Wärmequelle ist *das Wasser im Glas*.
   Für alle Wärmequellen gilt: *Wärmequellen* können aufgrund ihrer *höheren* Temperatur Wärme an ihre Umgebung *abgeben*.

© Persen Verlag

2.

natürliche Wärmequellen	künstliche Wärmequellen
Sonne	Fön
Lagerfeuer	Wärmeflasche
Tiere	Heizung
Geysir	Ofen, Kamin
Reibstock	Bunsenbrenner
Erdgas	Ölradiator, Heizplatte

3. Heizplatte → Topf
Tee → Löffel im Tee
Schneeball ← Hand
Eistee ← Mensch
Suppe → Mensch
Tiere ← Rotlichtlampe
Fön → Haare
Wäsche ← Bügeleisen
Wurst → Kühlschrank

Wärmeübertragungen S. 81

1.

künstliche Wärmequellen	natürliche Wärmequellen
Heizplatte	*Sonne*
Wärmflasche	*Lagerfeuer*
Rotlichtlampe	*Tiere*

2. Die Wärme wird in festen Körpern immer durch *Wärmeleitung* übertragen. In Flüssigkeiten und Gasen erfolgt der Wärmetransport durch *Wärmeströmung*. In der Umgebung von heißen Körpern wird die Wärme durch *Wärmestrahlung* übertragen.

3.

Wärmeleitung
Wärmeströmung
Wärmestrahlung

Tom unterkühlt sich die Hand beim Anfassen des Metallgeländers im Winter.
Das heiße Wasser der Heizung verbreitet sich in den oberen Heizungsrohren.
Jonas wärmt sich am Lagerfeuer.
Lisa verbrennt sich die Finger am Kochtopf.
Der Sommerwind trocknet die Wäsche schnell auf der Leine.
Die Rotlichtlampe beleuchtet die Küken.

4. a) Wüste/Afrika b) Regenwald c) Nordpol, Südpol, Grönland
Mit der weißen Kleidung schützt sich der Mann vor der heißen Sonnenstrahlung in der Wüste, weiß reflektiert die Wärmestrahlung. Im Regenwald ist es feucht und warm. Die Frau hat nur das Nötigste angezogen. Am Nordpol muss der Mann sich wärmen. Er trägt Kleidung mit vielen Luftpolstern. Luft isoliert die Wärme hervorragend, ihm bleibt warm.

5.

Vorgang	erwünscht	unerwünscht	Maßnahmen
Kochen auf dem Herd	x		Der Topfboden besteht aus Metall (guter Wärmeleiter) und er ist eben, sodass zwischen Boden und Herdplatte keine Luft ist.
Fenster		x	Die Fenster bestehen aus mehreren Scheiben zwischen denen sich Luft befindet (guter Wärmeisolator). Die Scheiben werden mit Gummi oder Kit abgedichtet.
Thermoskanne		x	Die Innenwand ist verspiegelt, der Deckel verschließt die Kanne dicht und zwischen Kanne und Gehäuse befindet sich Luft.
Lötkolben	x		Die Lötspitze besteht aus einem guten Wärmeleiter.

6. Aus dem Diagramm wird ersichtlich, dass die Außenwände die größten Energieverluste verursachen. Die Firma wird deshalb sicherlich umfangreiche Isolationsmaßnahmen der Außenwände anbieten, z. B. Dämmplatten oder Klinkersteine. Für die Wärmedämmung der Fenster verkauft die Firma vielleicht doppelt oder dreifach verglaste Fenster. Eventuell isoliert die Firma noch mit Dämmplatten die Dächer von Häusern.

Anke Ganzer: Physik I – kompetenzorientierte Aufgaben
© Persen Verlag

Lernzielkontrolle S. 83

1. Alle Körper dehnen sich beim *Erwärmen* aus und ziehen sich beim *Abkühlen* zusammen. Häufig ist diese Veränderung unerwünscht zum Beispiel bei *Eisenbahnschienen (individuelle Antworten)*. Körper die Wärme abgeben heißen *Wärmequellen*, z. B. *Bügeleisen (individuelle Antworten)*.
2. Die Fensterscheiben ziehen sich bei Abkühlung zusammen und dehnen sich bei Erwärmung aus. Bei einem festen Einbau in den Rahmen würden sie brechen. Eine elastische Verbindung zwischen Rahmen und Scheibe gleicht diese Volumenänderungen aus.
3. a) Im Zimmer ist eine Temperatur von 20 °C.
   b) Der Kamin strahlt viel Wärme ab.
   c) Die Eiswürfel nehmen von dem Getränk viel Wärme auf. Oder: Das Getränk gibt viel Wärme an die Eiswürfel ab.
4. Das Wasser vom Regen dringt in die Felswände ein. Beim Erstarren des Wassers im Winter dehnt es sich sehr stark aus. Es entstehen große Kräfte und der Frost spaltet den Felsen ab. Bei häufigem Temperaturwechsel taut und friert das Wasser öfter und der Vorgang wiederholt sich öfter. Die Felsstücke werden immer kleiner. Es entstehen Geröllberge.
5. Grill → Grillfleisch Art der Übertragung: *Wärmestrahlung*
   Mensch → Schokoladeneis Art der Übertragung: *Wärmeleitung*

Elektrisch geladene Körper S. 84

1. ☑ Die Reibungselektrizität wurde zuerst am Bernstein beobachtet.
   ☑ Das Wort Bernstein stammt von dem griechischen Wort „elektron".
   ☑ Nach dem Reiben von Wolle an Bernstein, zieht Bernstein kleine Papierschnipsel an.
2. a) Beim Reiben des Lineals an dem Wolltuch knistert es. Anschließend bewegen sich die Papierschnipsel zu dem Lineal und bleiben daran haften. Nach einer Weile fallen die Papierschnipsel wieder ab.
   b) Durch die Reibung erfolgte eine *Ladungstrennung*. Daraufhin ist das Wolltuch elektrisch *positiv geladen*. Im Wolltuch herrscht nun ein *Elektronenmangel*. Das Lineal ist jedoch elektrisch *negativ geladen*, dort herrscht ein *Elektronenüberschuss*. Kommt das Lineal in die Nähe der Papierschnipsel wirken dazwischen *Anziehungskräfte*.
   c) Durch die Reibung der Hose an Julies Bein erfolgte eine Ladungstrennung. Hose und Bein sind unterschiedlich geladen und es wirken dazwischen Anziehungskräfte – die Hose „klebt" am Bein.
   d) Durch die Reibung der Decke an der Couch, den Beinen und an sich selbst erfolgt eine Ladungstrennung. Die unterschiedlich geladenen Körper „tauschen" ihre Ladungen aus. Das Knistern zeigt den Ladungsausgleich an. Ähnlich wie ein Blitz, wenn der Ladungsausgleich in einer Wolke erfolgt.
   e) Im Winter sinkt in den Räumen die relative Luftfeuchtigkeit, man sagt, es herrscht trockene Luft. Es kommt zu vermehrten elektrostatischen Aufladungen.
   f) Nach einer Autofahrt kommt es zu Entladungen zwischen Hand und Türrahmen. Nach dem Kämmen fliegen die Haare dem Kamm hinterher. Nach dem Laufen über dem Teppich bekommt man manchmal an der Klinke eine „gewischt".
3.

Aussage	richtig	falsch	Die Aussage müsste richtig heißen:
Ein Körper, dem positive Ladungen weggenommen wurden, ist positiv geladen.		x	Ein Körper, dem negative Ladungen weggenommen wurden, ist positiv geladen.
Elektrische Leiter besitzen viele freie Elektronen.	x		
Luft ist ein sehr guter Isolator.	x		
Besitzt ein Körper keine elektrischen Ladungen, ist er elektrisch neutral.		x	Besitzt ein Körper gleich viele positive und negative elektrische Ladungen ist er elektrisch neutral.
Holz, Plastik und Glas besitzen viele frei bewegliche Elektronen.		x	Holz, Plastik und Glas besitzen keine frei beweglichen Elektronen.
Isolatoren kann man durch Reibung elektrisch aufladen.	x		

4. a) Elektroskop
   b) Nachweis elektrischer Ladungen, man kann grob die Größe der elektrischen Ladung bestimmen und man kann das Vorzeichen der Ladung durch Vergleich mit einem Körper mit bekannter elektrischer Aufladung bestimmen.

© Persen Verlag

c) Wird das Gehäuse des Elektroskops auch elektrisch aufgeladen, wirken aufgrund des elektrischen Feldes Kräfte, die den Nachweis beeinflussen. Durch die Isolation wird ein Ladungsübergang auf das Gehäuse verhindert.

d) Man kann am Zeigerausschlag erkennen, ob der Stab elektrisch geladen ist und grob die Größe der elektrischen Ladung angeben. Hat man einen Körper, von dem die elektrische Ladung bekannt ist, kann man mit diesem zum Vergleich das Elektroskop berühren und nun sogar die Ladung des Stabes bestimmen.

Elektrischer Strom S. 87

1. a) Z. B.: Golfstrom, Blutstrom, Meeresstrom, Lavastrom, Luftstrom, Tränenstrom, Besucherstrom, es regnet in Strömen, gegen den Strom schwimmen, mit dem Strom schwimmen
   b) *Individuelle Antworten*
   c) ③ Der elektrische Strom ist die gerichtete Bewegung von Ladungsträgern in einem Stromkreis.
   d) Die *Stromstärke* gibt an, wie viel Ladungsträger sich in einem Leiter bewegen. ① Die *Spannung* gibt an, wie stark der Antrieb für die Ladungsträger in einem Stromkreis ist. ② Der *Widerstand* gibt an, wie stark die Bewegung der Ladungsträger in einem Stromkreis behindert wird. ④
2. ☑ geschlossener Stromkreis
   ☑ freibewegliche Ladungsträger
   ☑ eine Spannungsquelle
3. a) nein b) nein c) ja d) nein
4.

Lichtwirkung	Wärmewirkung	chemische Wirkung	magnetische Wirkung
Schreibtischlampe	Bügeleisen	*Flachbatterie*	*Klingel*
Leuchtstofflampe	*Haarfön*	*Versilbern eines Ringes*	Lasthebemagnet
Taschenlampe	*Schmelzsicherung*	*Akkumulator*	*Elektromotor*
Leuchtdiode	*Wasserkocher*	*Autobatterie*	*Bohrmaschine*
	Kühlschrank		*Akkuschrauber*

5.

0,5 Volt	*Solarzelle aus Silizium*
1,5 Volt	*Monozelle*
6 bis 12 Volt	*Fahrraddynamo*
230 Volt	*Steckdose*

bis 500 Volt	*Zitteraal*
6000–20 000 Volt	*Wärmekraftwerk*
100 Millionen Volt	*Blitz*

6. Der Akku ist leer bedeutet, dass in ihm kein elektrischer Strom mehr erzeugt wird. Er ist nicht wirklich leer.
7. Regeln:
   1. Elektrische Geräte, die an eine Steckdose angeschlossen sind, dürfen wir nicht in der Badewanne benutzen.
   2. Repariere keine elektrischen Geräte. Gib defekte Geräte in eine Werkstatt.
   3. Ziehe vor dem Abschrauben einer Verkleidung immer den Netzstecker aus der Steckdose.
   4. Ziehe den Netzstecker nicht am Kabel aus der Steckdose.
   5. Überbrücke keine elektrische Leitungen.
8. (4); wenn das nicht möglich ist (5); (2); (1) oder (6); (3)

Elektrische Stromkreise S. 90

1. Ein elektrischer Strom fließt nur, wenn der Stromkreis *geschlossen* ist, wenn eine *Spannungsquelle* und freibewegliche *Ladungsträger/Elektronen* vorhanden sind.
2. a) Schließt man den Schalter A, so *fließt kein Strom, leuchtet keine Lampe*. Schließt man nur den Schalter B, so *fließt kein Strom, leuchtet keine Lampe*. Diese Schaltung ist eine *Reihenschaltung*.
   b) Damit die Lampe 1 leuchtet, muss man *Schalter A* schließen. Die Lampe 2 leuchtet, wenn *Schalter A und B* geschlossen sind. Diese Schaltung ist eine *Parallelschaltung*.
   c) Ist der Schalter A geöffnet, leuchten *Lampe 1 und 2*. Ist der Schalter A geschlossen, so leuchten *Lampe 1, 2 und 3*. Diese Schaltung ist eine *Parallelschaltung*.
   d) Die Lampe 1 wird herausgeschraubt, so *leuchtet keine Lampe*. Wird Lampe 2 herausgeschraubt, so *leuchten Lampe 2 und 3*. Diese Schaltung ist eine *Parallelschaltung*.
3. a)

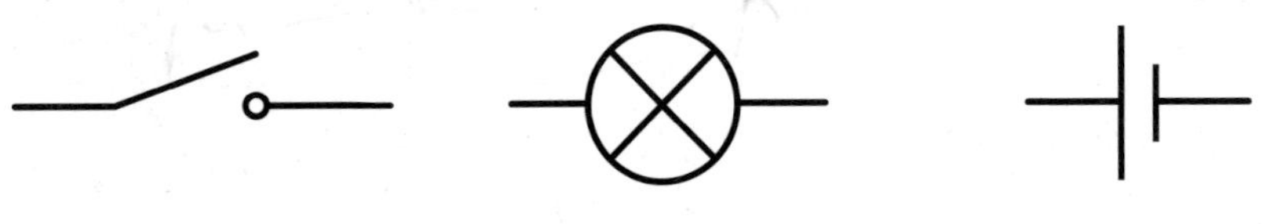

Anke Ganzer: Physik I – kompetenzorientierte Aufgaben
© Persen Verlag

b)

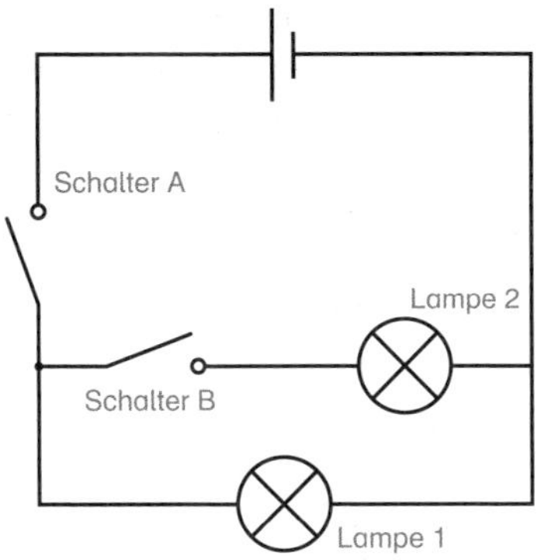

c) Es ist nur ein geringer Helligkeitsunterschied festzustellen, denn die Teilspannungen U1 und U2 sind genauso groß wie die Gesamtspannung U.

4. a) Schaltung ①, ② und ③ nur wenn Schalter B offen ist
   b) Schaltung ① – Reihenschaltung /
      Schaltung ② – Parallelschaltung
   c) Schalter **A** geschlossen: Der erste Stromkreis ist nicht geschlossen, Lampe leuchtet nicht und Lautsprecher ist nicht in Betrieb.
      Im zweiten Stromkreis leuchtet die Lampe.
      Schalter **B** geschlossen: Der erste Stromkreis ist nicht geschlossen, Lampe leuchtet nicht und Lautsprecher ist nicht in Betrieb.
      Im zweiten Stromkreis ist der Lautsprecher in Betrieb.
      Schalter **A** und **B** geschlossen: In beiden Stromkreisen leuchtet jeweils die Lampe und ist der Lautsprecher in Betrieb.
   d) ☑ Es kann zu einem Brand kommen.
      ☑ Beim Schließen beider Schalter besteht eine nahezu widerstandslose Verbindung zwischen den Polen und die Stromstärke ist dann zu hoch.
      ☑ Es kann ein Kurzschluss entstehen.

5.

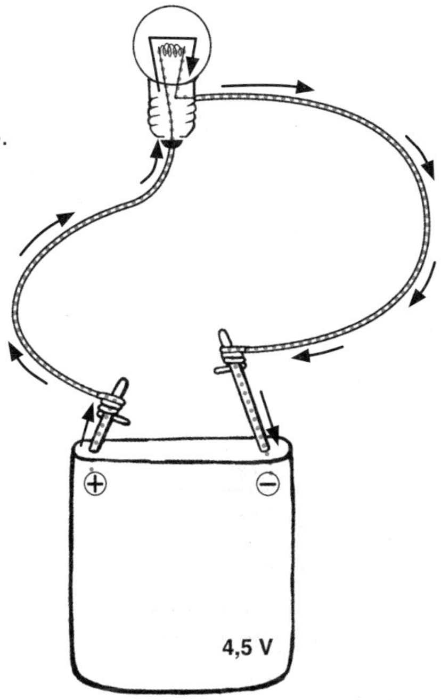

6. a) 4,8 V b) 1,2 V
   c) Betriebsdauer der Lampe 1 kleiner als Lampe 2, Helligkeit der Lampe 1 größer als Lampe 2.

Magnete und ihre Wirkungen S. 94

1. Magnete ziehen oder stoßen Körper aus *Eisen* an oder ab. Alle Magnete haben einen *Nordpol* und einen *Südpol*. Zwischen gleichnamigen Polen wirken *Abstoßungskräfte* und zwischen ungleichnamigen Polen wirken *Anziehungskräfte*. Magnete werden zum Beispiel Relais und *in einer Klingel* verwendet.

2.

3.

4. a)

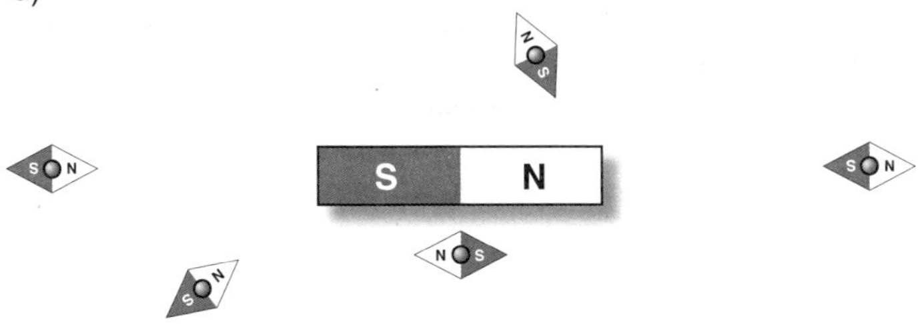

b) Das magnetische Feld durchdringt die Glasplatte und wirkt auf die Kompassnadeln.

c)

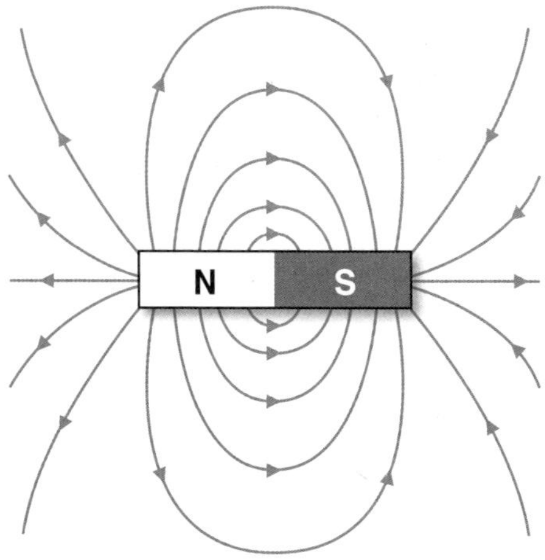

© Persen Verlag

5. Stromdurchflossene Leiter sind auch Kabel, folglich wirkt ein Kabel, durch das Strom fließt, wie ein Magnet. Elektromagnete haben meist eine starke Wirkung. Wechseln bei dem stromdurchflossenen Leiter die Pole plus und minus, so ändert sich ebenfalls das Magnetfeld und wechselt den Nord- und Südpol.

   Lasthebemagnet: nutzt ein sehr starkes Magnetfeld und große magnetische Kräfte / Relais: nutzt Anziehungs- und Abstoßungskräfte zum Schließen oder Öffnen der Schalter / Elektromotor: nutzt das Umpolen des Ankers zum Erzeugen der Drehbewegung / Klingel: nutzt die Anziehungs- und Abstoßungskräfte zum Unterbrechen des Stromkreises und zur Bewegung des Klöpels

6. a)

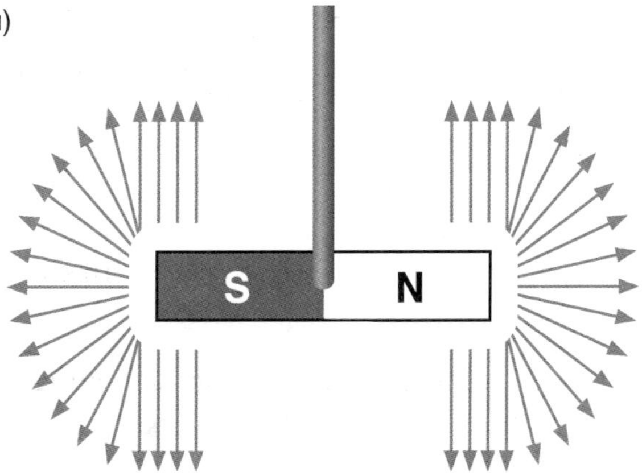

b) An den Polen eines Magneten sind die magnetischen Kräfte am größten.
c) Ein Magnet zieht alle Körper aus Eisen an, so auch die Eisenspäne. Jedoch wirken bei Dauermagneten die Anziehungskräfte ständig und Jonas wird die Eisenspäne nicht von seinem „Magnetbesen“ entfernen können. Um nach dem Fegen alle Eisenspäne leicht entfernen zu können, sollte Jonas um den Magneten eine Tüte ziehen oder ein Tuch wickeln. Entfernt er den Magneten, fallen die Späne von dem Tuch oder der Tüte leicht ab und er kann sie in einem Eimer sammeln.

Aus der Geschichte des Kompasses S. 96

a) Z. B. Nebel, so war keine Sicht zur Küste möglich; Wolken am Himmel so keine Sicht zu den Sternen, große Entfernung von der Küste so keine Orientierung und die Bestimmung der Wassertiefe nicht möglich, in der Nacht keine Orientierung an der Sonne möglich

b)

800–100 vor Chr. griechische Antike: Magneteisengestein richtet sich immer in die gleiche Richtung aus	11. Jahrhundert China: Südweiser = nasser Kompass wurde für die Steuerung der Dschunken gebaut.	12. Jahrhundert Europa: Alexander Neckam erwähnte den nassen Kompass.	13. Jahrhundert Italien/Amalfi: Seefahrer Flavio Gioia entwickelte den trockenen Kompass.	Ende des 13. Jahrhunderts: Windrose wird unter die Magnetnadel gezeichnet.	Um 1400 in Europa: Kompass wird mit Kasten fest auf Schiffe montiert.	16. Jahrhundert: Da Vincis Idee, den Kompass in eine kardanische Aufhängung einzubauen, wird umgesetzt.	20. Jahrhundert: Entwicklung moderner Navigationssysteme

c)

Lernzielkontrolle S. 97

1. Stimmen bei Körpern die Anzahl positiver und negativer elektrischer Ladungen überein, so sind sie *elektrisch neutral.* Zwischen gleichnamig elektrischen Ladungen wirken *Abstoßungskräfte* und zwischen ungleichnamig elektrischen Ladungen *Anziehungskräfte.* Ein Kunststoffstab und ein Wolltuch werden aneinandergerieben. Der Stab ist nun negativ geladen, das Wolltuch ist dann *positiv geladen.* Man unterscheidet vier Wirkungen des elektrischen Stromes. Bei einer Waschmaschine kann man *Wärmewirkung* und *magnetische Wirkung* beobachten.
2. Durch die Reibung während des Rutschens erfolgt eine Ladungstrennung. Die Rutsche und Oliver sind unterschiedlich aufgeladen. Beim Berühren seiner Mutter entlädt sich Oliver. Sie spüren diesen Ladungsausgleich durch einen kleinen elektrischen Schlag.
3. a) falsch: Es gibt positive und negative elektrische Ladungen.
   b) falsch: Wenn ein Körper Elektronen abgibt, ist er elektrisch positiv geladen.
   c) falsch: Die gerichtete Bewegung von Elektronen durch einen Leiter ist elektrischer Strom.

Anke Ganzer: Physik I – kompetenzorientierte Aufgaben
© Persen Verlag

4. Schaltzeichen:

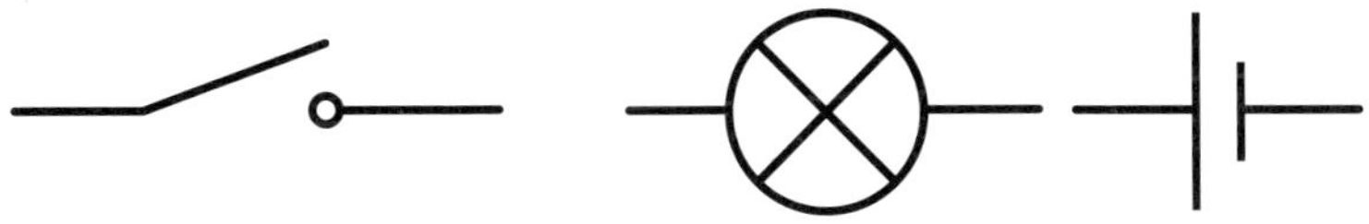

b) Schaltung

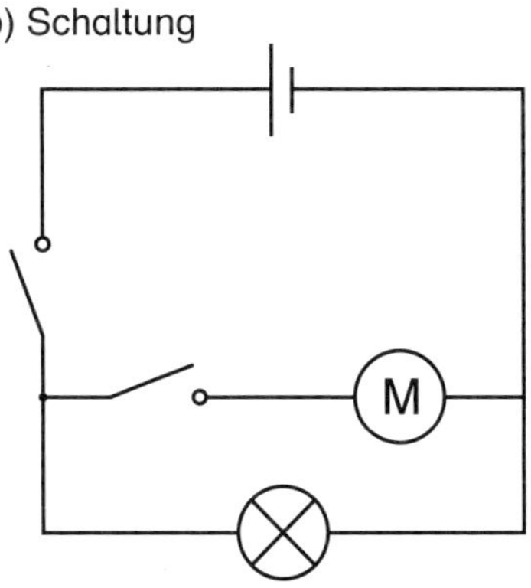

5.

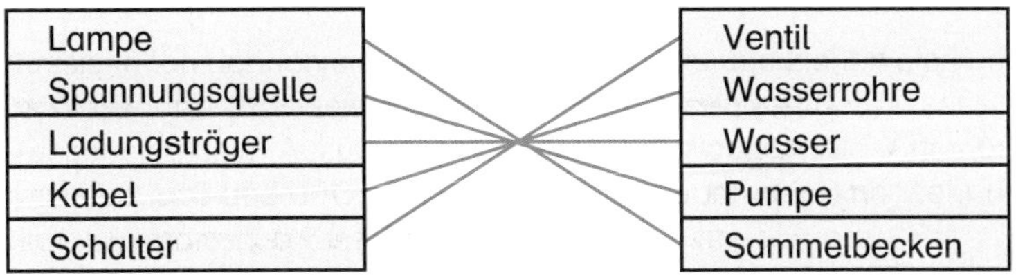

6. ① a) Reihenschaltung b) Parallelschaltung
   ② Bei gleicher Spannungsquelle leuchten die Lampen im Stromkreis b) heller.
   ③ Wenn eine beliebige Lampe herausgeschraubt wird, dann leuchten im Stromkreis a) keine Lampen mehr, im Stromkreis b) leuchten die zwei übrigen Lampen.
7. Regeln
   - Elektrische Geräte, die an eine Steckdose angeschlossen sind, dürfen wir nicht in der Badewanne benutzen.
   - Repariere keine elektrischen Geräte. Gib defekte Geräte in eine Werkstatt.
   - Ziehe vor dem Abschrauben einer Verkleidung immer den Netzstecker aus der Steckdose.
   - Ziehe den Netzstecker nicht am Kabel aus der Steckdose.
   - Überbrücke keine elektrische Leitungen.
8. Eine richtige Antwort ist bei b) auch, wenn S und S sich gegenüberstehen.

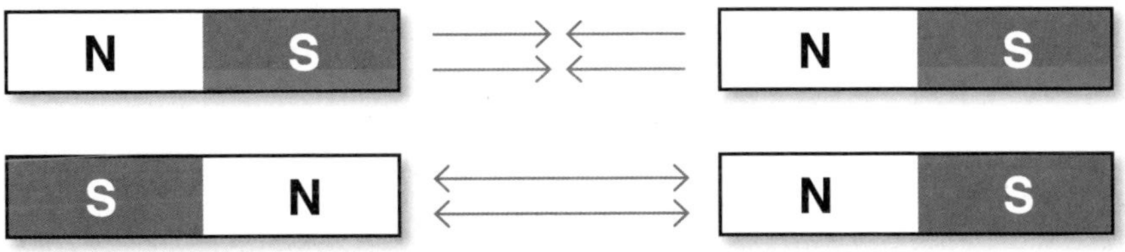

9.

Eigenschaften	Dauer-magneten ...	Elektro-magneten ...
... entstehen, wenn Strom durch einen Leiter fließt.		x
... verlieren beim Erhitzen ihre Wirkung.	x	
... wirken im Raum um sie herum.	x	x
... verstärken durch einen Eisenkern ihre Wirkung.		x
... können ihre Pole wechseln.		x
... ziehen Körper aus Eisen an.	x	x
... werden als Kompassnadel verwendet.	x	

© Persen Verlag

Quellenverzeichnis

S. 11 Archimedes: http://commons.wikimedia.org/wiki/File:Archimedes_%28Graphik%29.gif?uselang=de; Original uploader was Dr. Manuel at de.wikipedia

Galileo: http://commons.wikimedia.org/wiki/File:Bolton-galileo.jpg?uselang=de; Sarah K. Bolton: Famous Men of Science (New York, 1889)

Keppler: http://commons.wikimedia.org/wiki/File:Johannes_Kepler_1610.jpg?uselang=de-formal; Kopie eines verlorengegangenen Originals von 1610 im Benediktinerkloster in Krems

Von Guericke: http://commons.wikimedia.org/wiki/File:Otto-von-Guericke-TS.jpg?uselang=de

Newton: http://commons.wikimedia.org/wiki/File:Hw-newton.jpg?uselang=de; Perry–Castañeda Library of the University of Texas at Austin. According to the collection's title page

Faraday: http://commons.wikimedia.org/wiki/File:M_Faraday_Th_Phillips_oil_1842.jpg; Thomas Phillips, 1842

Einstein: http://commons.wikimedia.org/wiki/File:Einstein1921_by_F_Schmutzer_2.jpg; Ferdinand Schmutzer (1870-1928), http://www.bhm.ch/de/news_04a.cfm?bid=4&jahr=2006

S. 20 Sonne © Robert Gunkel, Marion El-Khalafawi, Christa Claessen

Puppe © Hecht

Mond © Robert Gunkel, Marion El-Khalafawi, Christa Claessen

Pferd © Jennifer Spry

S. 21 Klassenraum © Anke Ganzer

Wald © Anke Ganzer

S. 23 Schatten, lang © Anke Ganzer

Schatten, kurz © Anke Ganzer

S. 27 Lichtstrahlen © Anke Ganzer

S. 28 Camera Obscura: http://commons.wikimedia.org/wiki/File:Camera_obscura_1.jpg; Original: Fizyka z 1910

Secondary: From Ru-Wiki. Initial description is/was here. http://commons.wikimedia.org/wiki/File:Camera_Obscura_box18thCentury.jpg; 18th Century

Dictionary Illustration: http://commons.wikimedia.org/wiki/File:Camera_obscura_2.jpg; Stefan Kühn, Deutsch: Camera_obscura, Science Museum London, UK, lizenziert unter Creative Commons Attribution-Share Alike 3.0
URL: http://creativecommons.org/licenses/by-sa/3.0/deed.de

S. 32 Leuchtstreifen © Anke Ganzer

Lichterfigur © Anke Ganzer

S. 34 http://commons.wikimedia.org/wiki/File:Font_Romeu_France.jpg?uselang=de; lizenziert unter Creative Commons Attribution-Share Alike 3.0
URL: http://creativecommons.org/licenses/by-sa/3.0/deed.de

S. 35 Thesaurus opticus Titelblatt: http://commons.wikimedia.org/wiki/File:Thesaurus_opticus_Titelblatt.jpg; Bayrische Staatsbibliothek München

S. 48 Wasserglas © flashpics – Fotolia.com

Stein © Sharpshot – Fotolia.com

S. 49 Kürbisse © Eva Vargyasi – Fotolia.com

S. 50 Elefant © T. Allendorf – Fotolia.com

S. 51 Würfel © Stefan Gräf – Fotolia. com

Glaskugel © xalex –Fotolia.com

S. 52 Macchiato © L.S. – Fotolia.de

S. 53 Goldbarren © Gina Sanders – Fotolia. com

S. 54 Lampe © Dark Vectorangel Fotolia.com

S. 56 Inlinerin © James Peragine – Fotolia.com

Riesenrad © Dan Race – Fotolia.com

Stoßdämpfer © Dark Vectorangel Fotolia.com

LKW © Thaut Images – Fotolia.com

S. 59 Läuferin © einstein – Fotolia.com

S. 60 Leopard © DE Photography – Fotolia.com

S. 62 Tautropfen © Sven Mueller – Fotolia.com

S. 64 Gewitter © valdezrl – Fotolia.com

S. 65 Bergwerk © Artem Merzlenko – Fotolia.com

S. 66 St. Paul's Cathedral: http://flickr.com/photos/73293249@N00/103443189

S.67 Telephon: http://commons.wikimedia.org/wiki/File:Die_Gartenlaube_%281863%29_809_1.jpg; diverse lizenziert unter http://de.wikisource.org/wiki/Seite:Die_Gartenlaube_(1863)_809.jpg

S. 71 Fieberthermometer: http://commons.wikimedia.org/wiki/File:Fieberthermometer_BW_1.JPG; Berhold Werner lizenziert unter Creative Commons Attribution-Share Alike 3.0
URL: http://creativecommons.org/licenses/by-sa/3.0/deed.de

Laborthermometer: http://commons.wikimedia.org/wiki/File:Thermometer,_max.JPG; Eitan f lizenziert unter Creative Commons Attribution 3.0 Unported
URL: http://creativecommons.org/licenses/by/3.0/deed.en

Galileo Thermometer: http://commons.wikimedia.org/wiki/File:Galileo_Thermometer.jpg; Ali@gwc.org.uk lizenziert unter Creative Commons Attribution-Share Alike 2.5
URL: http://creativecommons.org/licenses/by-sa/2.5/deed.de

Haushaltsthermometer: http://commons.wikimedia.org/wiki/File:20050501_1315_2558-Bimetall-Zeigerthermometer.jpg; 1-1111lizenziert unter Creative Commons Attribution-Share Alike 3.0 Unported
URL: http://creativecommons.org/licenses/by-sa/3.0/deed.de

Saunathermometer © Anke Ganzer

Badewannenthermometer © Anke Ganzer

S. 72 Celsius: http://commons.wikimedia.org/wiki/File:Anders-Celsius-Head.jpg; Olof Arenius

S. 77 Kerze © Alexandar Iotzov – Fotolia.com

S. 79 Schlagloch © lumen-digital – Fotolia.com

S. 80 Glas mit Eiswürfeln © foodinaire.de – Fotolia.com

Teeglas © Nataly Meenen

S. 82 Beduine © Ruth Black – Fotolia.com

Indianerin © Roman Shiyanov – Fotolia.com

Inuit im Kajak / 646009 © Corel Stock Photo Library, Corel Corporation, Ottawa

S. 83 Berge © Kaputtknie – Fotolia.com

S. 84 Bernstein © yong hong – Fotolia.com

S. 87 Museum © Julia Flasche

S. 88 Zitteraal: http://commons.wikimedia.org/wiki/File:Electrophorus_electricus_3.jpg; Stan Shebs lizenziert unter Creative Commons Attribution-Share Alike 3.0.
URL: http://creativecommons.org/licenses/by-sa/3.0/deed.de

S. 93 Taschenlampe © gunnar 3000 – Fotolia.com

S. 96 Kardanischer Kompass: http://commons.wikimedia.org/wiki/File:Kardanischer-Kompass.jpg?uselang=de

© Persen Verlag

Naturwissenschaften spannend und abwechslungsreich!

Anke Ganzer

Physik I/II/III – kompetenzorientierte Aufgaben

Mechanik, Wärmelehre, Elektrizitätslehre, Optik, Akustik, Atomphysik, Schwingungen und Wellen

Jetzt erforschen und entdecken Ihre Schüler die spannende Welt der Physik. Die drei Bände liefern kompetenzorientierte Unterrichtsmaterialien für den Anfangsunterricht in den Klassen 5 bis 7 sowie für den weiterführenden Physikunterricht in den Klassen 7 und 8 bzw. 9 und 10. Die Bücher decken jeweils alle in den Lehrplänen geforderten Kompetenzbereiche ab: Beschreiben, Bewerten, Vergleichen, Arbeiten mit Diagrammen, Arbeiten mit Sachtexten, Arbeiten mit Modellen, Begründen, Berechnen physikalischer Größen und Erklären von Erscheinungen in der Natur. Thematisch werden alle wesentlichen Teilbereiche der Physik berücksichtigt. Lernzielkontrollen am Ende eines jeden Kapitels evaluieren das Gelernte. Ein Lösungsteil ermöglicht Ihnen die schnelle Kontrolle. **So entwickeln, erweitern und vertiefen Ihre Schüler inhalts- und prozessbezogene Kompetenzen!**

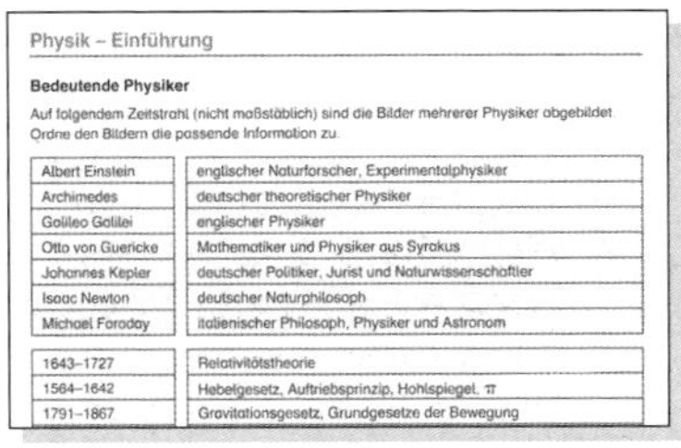

Physik I
Buch, 126 Seiten, DIN A4
5. bis 7. Klasse
Best.-Nr. 3203

Physik II
Buch, 128 Seiten, DIN A4
7. und 8. Klasse
Best.-Nr. 23111

Physik III
Buch, 125 Seiten, DIN A4
9. und 10. Klasse
Best.-Nr. 23275

Nabil Gad

Grundwissen Elektrizitätslehre/Optik und Akustik/Energie/Mechanik

5.–10. Klasse

Wer die Jugendlichen stets aufs Neue zum Mitmachen aktivieren will, erklärt die Physik am besten anhand von Phänomenen aus dem Alltag – so wie in diesen vier Bänden zu Grundwissen Elektrizitätslehre / Optik und Akustik / Energie / Mechanik. Wie viel Strom verbraucht ein Fernseher im Standby-Modus? Wie kann man die Qualität von Kopfhörern messen? Wie funktioniert ein Fahrraddynamo? Warum können U-Boote sinken und auftauchen? Alle Arbeitsblätter sind immer so konzipiert, dass Ihre Schüler die Inhalte selbstentdeckend und eigenständig erarbeiten können. Die Aufgaben eignen sich zur Differenzierung. Hinweise zur Planung und Durchführung des Unterrichts sowie Lösungen erleichtern Ihnen die Vorbereitung.

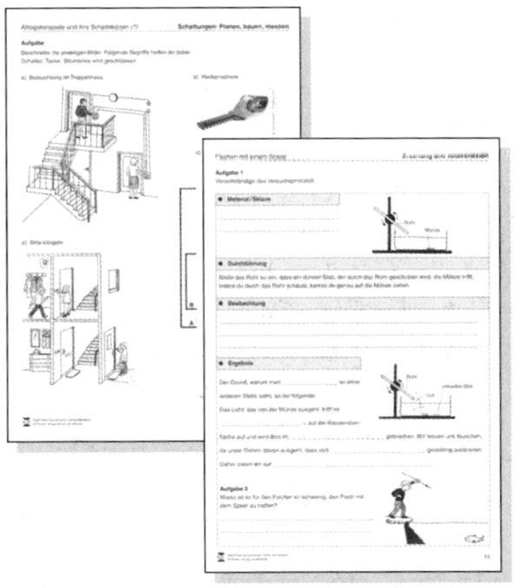

Aus dem Inhalt:

Elektrizitätslehre: Elektrostatik, Schaltungen, Elektrische Größen, Leistung und Energie, Magnetismus, Elektronische Bauelemente

Optik und Akustik: Sichtbarkeit von Körpern, Reflexion, Brechung, Linsen, Frequenz, Amplitude, Schallschutz

Energie: Energieformen, Energieerhaltungssatz, Elektrische Energie, Energieübertragung, Kernenergie

Mechanik: Kräfte, Körpereigenschaften, Bewegungen, Druck

So sichern Sie grundlegende Kompetenzen in Physik!

Grundwissen Elektrizitätslehre
Mappe mit Kopiervorl., 72 S., DIN A4
5. bis 10. Klasse
Best.-Nr. 2688

Grundwissen Optik und Akustik
Mappe mit Kopiervorl., 63 S., DIN A4
5. bis 10. Klasse
Best.-Nr. 2404

Grundwissen Energie
Mappe mit Kopiervorl., 65 S., DIN A4
5. bis 10. Klasse
Best.-Nr. 21001

Grundwissen Mechanik
Mappe mit Kopiervorl., 59 S., DIN A4
7. bis 10. Klasse
Best.-Nr. 21009

Unser Bestellservice:

Das komplette Verlagsprogramm finden Sie in unserem Online-Shop unter

www.persen.de

Bei Fragen hilft Ihnen unser Kundenservice gerne weiter.

Deutschland: ✆ 040/32 50 83-040 · Schweiz: ✆ 052/366 53 54 · Österreich: ✆ 0 72 30/2 00 11

Aktuelle Materialien für Ihren Unterricht!

Wolfgang Wertenbroch

Chemie

Einfache Experimentieranleitungen und Arbeitsblätter mit Lösungen

In Ihrem Chemieunterricht kommen Sie ganz ohne graue Theorie aus, denn: Sie arbeiten mit handlungsorientierten Arbeitsmaterialien. Mit Experimentieranleitungen können die Schüler selbstständig Versuchsgeräte herstellen und damit einfache Versuche durchführen. Sie erproben elementare chemische Experimentierverfahren und lernen die Grundbegriffe der Chemie. Die Wiederholung und Kontrolle der Versuchsergebnisse kann auf den Arbeits- und Lösungsblättern nachvollzogen werden.

Aus dem Inhalt: Herstellung und Vorbereitung von Geräten für Versuche, Arbeitsweisen in der Chemie – Trennverfahren, Was ist eine Verbindung?, Das Periodensystem der Elemente, Atommodelle

So bringen Sie jedem die Grundbegriffe der Chemie bei!

Mappe mit Kopiervorlagen, 60 Seiten, DIN A4
5. bis 10. Klasse
Best.-Nr. 2483

Heike Frerichs

Chemische Versuche aus dem Alltag

Experimente mit einfachen Mitteln

Wie löscht man Feuer? Wie viel Essigsäure enthält Essig? Was macht man mit einem Rotkohlindikator? Diesen und weiteren Fragen gehen Ihre Schüler durch anschauliche Experimente mithilfe der Arbeitsblätter auf den Grund. Dabei wird wichtiges chemisches Grundlagenwissen mit Bezug zur Lebenswelt der Jugendlichen vermittelt. Alle Versuchsaufbauten lassen sich mit Chemikalien realisieren, die Sie z. B. im Supermarkt besorgen können. Die Versuchsanordnung ist ebenso übersichtlich aufgebaut wie die Arbeitsblätter, die z. T. auch Aufgaben für leistungsstärkere Schüler enthalten. Erläuterungen für Sie als Lehrkraft erleichtern Ihnen die Unterrichtsvorbereitung, Lösungsblätter fördern das selbstständige Arbeiten der Schüler.

Mit Rotkohl, Backpulver und Cola chemische Prozesse verstehen – das ist lebensnaher Chemieunterricht!

Buch, 62 Seiten, DIN A4
7. bis 9. Klasse
Best.-Nr. 3378

Petra Pichlhöfer

Rätselblätter Chemie

Wichtige Themen des Chemieunterrichts der 5. bis 10. Jahrgangsstufe

Ob Kreuzworträtsel, Geheimschrift oder Suchgitter – in Ihrem Chemieunterricht kommt alles zum Einsatz! Die Folge: Die Schüler wiederholen und vertiefen damit spielerisch wichtige Fachbegriffe. Rätsellücken fordern die Jugendlichen auf, nachzuschlagen und zu forschen. Mithilfe der Lösungswörter und Lösungsseiten können sie ihren Wissensstand selbstständig kontrollieren. Ein übersichtliches Inhaltsverzeichnis mit Angabe von Schwierigkeitsgraden erleichtert Ihnen den Einsatz.

Die Ergänzung zum Lehrbuch für Freiarbeit, Vertretungsstunden, Hausaufgaben oder zur Auflockerung des Unterrichts!

Mappe mit Kopiervorlagen, 50 Seiten, DIN A4
5. bis 10. Klasse
Best.-Nr. 2487

Jens Eggert

Fossile und erneuerbare Energien

Ressourcen – Umwelt – Technik

„Energie" ist eines der wichtigsten Themen in den Lehr- und Rahmenplänen. Als Lehrer wollen Sie Grundlagenwissen so vermitteln, dass sich Ihre Schüler handlungsorientiert und zunehmend eigenverantwortlich mit dieser Thematik auseinandersetzen. Diese Arbeitsmaterialien befassen sich sowohl mit fossilen als auch erneuerbaren Energiequellen unter naturwissenschaftlichen, erdkundlichen und gesellschaftswissenschaftlichen Aspekten. Immer mit dem Ziel, Ihre Schüler zur eigenen Stellungnahme zu befähigen und fundiertes Wissen zu vermitteln. Ein „Energietest" schließt den jeweiligen Themenbereich ab.

Nur wer Bescheid weiß, kann mit den Ressourcen verantwortlich umgehen!

Buch, 71 Seiten, DIN A4
8. bis 10. Klasse
Best.-Nr. 3481

Anne Hartmann, Silke Klöver

Was hat das Klima mit uns zu tun?

Grundwissen – Klimawandel – Zukunft

Alles prima mit dem Klima? Bei weitem nicht. Wie vermitteln Sie Schülern Grundlagenwissen? Wie wirkt sich das Klima kulturell und sozial auf den Menschen aus? Die handlungsorientierten Kopiervorlagen thematisieren die verschiedenen Aspekte aus unterschiedlichen Blickwinkeln und helfen Ihren Schülern, Wissen mit eigenen Antworten zu verknüpfen. Das schafft einen neuen unmittelbaren Zugang zum Thema und motiviert zu einem bewussten Handeln im Alltag.

Aus dem Inhalt: Wie entsteht das Klima auf der Erde?; Wie das Klima auf uns Menschen wirkt; Der Treibhauseffekt; Wir nehmen an einer Klimakonferenz teil

So vermitteln Sie ein überlebenswichtiges Thema hautnah!

Buch, 101 Seiten, DIN A4
7. bis 10. Klasse
Best.-Nr. 343

Unser Bestellservice:

Das komplette Verlagsprogramm finden Sie in unserem Online-Shop unter

www.persen.de

Bei Fragen hilft Ihnen unser Kundenservice gerne weiter.

Deutschland: ✆ 040/32 50 83-040 · Schweiz: ✆ 052/366 53 54 · Österreich: ✆ 0 72 30/2 00 11